你不理财，
财不理你

中国华侨出版社
·北京·

前　言

　　为什么工作了多年，还是没有多少积蓄？自己已经很节俭了，为什么还是买不起很多东西？为什么一到月底，总有还不完的信用卡？……这时候的你，就需要好好反省自己的理财观念和方法了。可能会有很多人认为理财是有钱人的专利，没钱和钱不多的人不需要理财。事实正好相反：有钱的人理财，可以让钱滚钱；没钱的人理财，可以让钱生钱。理财不是富人的专利，无论钱多钱少，都需要好好打理自己的钱财。国际上的一项调查表明，人在没有自己的投资规划的情况下，一生中损失的财产为20%～100%。因此，作为一个现代人，如果不具备一定的理财知识，其财产损失是不可避免的。

　　俗话说，钱是挣出来的，不是省出来的。但是现在最专业的观念是：钱是挣出来的，更是理出来的。当代投资之神沃伦·巴菲特说过："一生能够积累多少财富，并不取决于你能够赚多少钱，而取决于你如何投资理财。钱找钱胜过人找钱，要懂得让钱为你工作，而不是你为钱工作。"人们现在都更加重视理财，面对买房、教育、医疗、保险、税务、遗产等未来众多的不确定性，人们的理财需求进一步增长。无论你是在求学的成长期、初入社会的青年期、成家立业期、子女成长的中年期，还是退休老年期，都需要建立健康的理财观念和掌握正确的投资理财方法。

如果你正在为是否要开始理财而犹豫，那么这本书适合你：每个人都拥有潜在的能量，只是很容易被习惯所掩盖，被时间所迷离，被惰性所消磨。如果你已为人父母，那么这本书适合你：合理的教育金规划影响孩子的一生，你不应该只是父母，更应是帮助孩子成功的贵人。如果你不想在年老体衰的时候养不活自己，那么这本书适合你：即刻开始制订养老规划，相信若干年后的你，会感谢今天的自己。那时，越老越富有就不是一张口头支票，而是你舒适、富足、充满乐趣的退休生活的有力保障！

　　从今天开始，让我们每一个人树立起正确的投资理财观念，并且掌握科学的、正确的方法，积极地投入到丰富多彩的理财活动中去，通过努力告别拮据的生活，从此过上富裕的生活。

目 录

你不理财，财不理你

第四篇//
把钱用在该用的地方

第一章 理性消费，花好手中每一分钱

第二章 精明省钱，省下的就是赚到的

第五篇//

投资自己，最有价值的理财之道

第一篇
科学自助理财，
保障一生幸福

第一章 | **从 700 元到 400 万元，**
距离并不遥远

为什么有些人善于创造财富

20/80 定律告诉我们，20％的富人掌握了 80％的财富，富人能在一生中积累如此巨大的财富的奥秘究竟是什么？答案是科学理财。

尽管如今有更多的人已认识到理财的重要意义，越来越多的人加入理财者的大军，但是仍然有不少贫穷者。其原因在于，虽然有越来越多的人参与了理财，却很少有人思考怎样提高自己的财商，仅仅是单纯地为理财而理财，或者盲目地跟在别人后面瞎"理"。结果，投入了时间、精力和金钱，却没有得到多少回报，甚至越理钱越少。

当然，富有的理财者并不是在买理财工具，而是在创造属于他们自己的理财市场。排名世界前 100 位的富人都拥有自己的企业，每个企业都是一个完善的资金循环与再生系统。财富的最终源泉是企业，只有企业才是每个理财者的最终对象。投资股票，就是投资企业，投资共同基金，也是投资企业，即使是投资房地产，也仍然是在投资企业。所以，要成为理财高手必须对企业经营了如指掌。

富人们的投资理财经历和经验告诉我们，最佳的理财方式是让你的公司为你投资，以个人名义进行投资是不明智的，其获得的收益也是十分有限的，风险也是相当高的。但是普通投资人很少去主动地了解企业的经营，很多人都以个人名义进行投资，要实现财务自由，其难度是令人无法想象的。

一般理财者都是先找一份稳定的工作，然后把生活基本开支之外的闲钱用于理财，也就是说，他们是用工作去创造财富。在资本的原始积累阶段，这种方式尚且可行，但如果你不能为改变这种方式而作出努力和牺牲，那么你就永远成不了一个真正的富人。要记住，富人不仅在金钱方面富有，而且还在时间方面很富有。而穷人，不仅钱比较少，时间方面也十分"贫穷"。

富人能够拥有很多财富，是由于他们能够把自己的创造力变成财富。这个世界上很多人有一些很好的创意，然而只有极少一部分有创意的人变富了，这是因为很少有人会用一个运行良好的企业把创意变成财富。仅仅是有一个很好的创意，的确可以卖一点点钱，但它绝不能给你带来巨大的财富。

美国人查理斯·卡尔森调查了170位美国的百万富翁，总结出成为百万富翁的八个行动步骤：

第一步，现在就开始投资。现实生活中六成以上的人连成为百万富翁的第一步都没迈出。

第二步，制定目标。不论任何目标，要有计划、坚定不移地去完成。

第三步，把钱用于买股票或基金上。

第四步，不要眼高手低，选择绩优股而不是高风险股。

第五步，每月固定投资，使投资成为习惯。不论投资金额多少，只要做到每月固定投资，若干年以后，就足以使你的财富超越美国 2/3 以上的人。

第六步，坚持就是胜利。调查显示，3/4 的百万富翁买一种股票至少持有 5 年以上，将近 四成的百万富翁买一种股票至少持有 8 年以上。

第七步，把国税局当成投资伙伴，合理利用税收政策筹划自己的投资。

第八步，控制财务风险。富翁大多过着很平凡的生活，固定、稳定性是他们的特色。

所以说，你要想成为百万富翁，就要做好投资理财的必要准备。

▲ 理财圣经

"富翁"的身份，不是天生就拥有的，对于极大一部分富翁来说，他们是靠自己的聪明、智慧来获得高额钱财的，科学地理财即是他们获得财富的最主要手段之一。如果你也想创造财富，不仅要加入理财的大军，还要掌握好方法、运用好智慧，这样你也可以成为百万富翁。

同样挣钱，你的钱都到哪里去了

小刘大学毕业后，在北京找了一份每月薪水只有 1500 元微薄收入的工作，他发现这点可怜的工资竟然连付一间像样点的房子的租金都不够。他用 500 元租了三居室中的一间,这在当时看来已经是很奢侈的了,就这样,他开始了在北京的生活。可是 5 年后的今天,他通过财富积累,贷款买了一套一居室,并且准备工作几年再积攒点儿钱后,再买辆二手车。

而他的同学小李,大学毕业之后进入政府机关工作,基本月薪约 3000 元。每月支付电话费、学习费外还要买衣服、休闲等,工作了几年,不仅没有存款,反而负债累累。

为什么同是毕业几年,他们的差别会这么大?因为在这几年时间里,小刘通过自己的努力,学会了如何理财,如何从现有的工资里不断地累积财富。所以,他的资产没有流失,而且增值的速度一年比一年快。而小李,由于没有理财,他的资产在无意识中悄悄地溜走了。

财富的积累是一个过程,在这个过程中,如果你不细心经营,精心打理,几年以后,回报给你的也只能是巨额的负债。

看到"资产流失"这几个字眼,人们首先想到的是国有资产的流失。其实,在生活中,一不小心,你自己的资产也会不知不觉地流失。理财专家提醒你,在财富时代,及时堵上造成你资产流失的漏洞吧,不要让它们再拖后腿了!通常,资产流失的主要领域是以下几个方面:

一、豪华住宅背上沉重负担

很多人可能都有这样的经历:你在自己的小屋里向外眺望城市中丛林般的华厦,然后发出一声感叹:怎么没有一间房子是我的?其实,买房子的人大部分也是在贷款,豪华住宅的背后,有的家庭不但投入了全部积蓄,而且还背上了债务,大部分家底都变成了钢筋水泥的不动产,导致家庭缺少投资的本钱,错失投资时机。

二、储蓄流失增值机会

储蓄本来是中国人使自己的资产保值、增值最普遍的手段，怎么会成为中国家庭资产流失的主要领域呢？这主要体现在以下两个方面：

（1）"过度"储蓄。善于储蓄是美德，但是一旦"过度"也将误入歧途。做个简单的测算，中国人的8万亿元储蓄存款，如果相对于同期的国债之间1%左右的息差（考虑存款的利息税和国债的免税因素），那么中国人放弃了每年资本增值800亿元左右的潜在获利机会。其实，对大多数人来说，防止这类流失的方法很简单，只需将银行储蓄转为同期的各类债券就行了。目前不仅有交易所市场，还有银行柜台市场，都可以很方便地完成这类交易，而且流动性也很强。

（2）"不当"储蓄。一样的存款要获得不一样的收益，存款的技巧很重要。有的家庭由于缺乏储蓄存款的知识，不懂得存款的技巧，使存款利息收入大为减少。比如：如果你想存活期或定活两便，那还不如存定期3个月，并约定自动转存。这种存法安全方便，利息又高。因为定活两便存款支取时，利率按定期一年内同档期限打六折计算。这样，定活两便存款即使存够一年，按一年利率打六折也低于定期3个月。

三、过度和不当消费

"过度"与"不当"的消费也会让你的资产流失。所以，花钱买的东西究竟是不是自己必需的，一定要想清楚。

四、理财观念薄弱

目前，有些人对于理财还未树立正确的观念，也不注意各种细微的节约，例如，使用信用卡时造成透支，且又不能及时还清，结果必须支付高于存款利息十几倍的循环利息，日积月累下来，债务只会如雪球般越滚越大。资产的流失在很多时候都是隐性的，对钱财一定要善于监控管理，节约不必要的支出，不断地强化理财观，让资金稳定成长，才不会在不知不觉中失去积蓄钱财、脱贫致富的好机会！

以上几个方面是资产流失的"重灾区"，而且具有相当大的普遍性。

◢ 理财圣经

资产流失很多时候都不显山露水，但只要稍一放松就可能造成严重的损失。所以，不断地强化理财意识才能成功积累财富。

理财晚 7 年，相差一辈子

理财一定要先行。就像两个参加等距离竞走的人，提早出发的，就可以轻松散步，留待后出发的人辛苦追赶，这就是提早理财的好处。

李先生从 20 岁起每月定期定额投资 500 元买基金，假设平均年报酬率为 10%，他投资 7 年，也就是 26 岁时就不再扣款，然后让本金与获利一路成长，到他 60 岁要退休时，本利和已经达到了约 162 万元。但是张先生从 26 岁才开始投资，同样按每月 500 元、10% 的年报酬率计算，他整整花了 33 年持续扣款，到 60 岁才累积到约 154 万元。相比之下，李先生的日子要过得舒服多了。

我们假设上例中的李先生在 26 岁并没有停止投资，而是继续每月投资 500 元，那么到了 60 岁，他积累的财富将是约 316 万元，几乎是张先生的两倍。

但在投资过程中，人们往往会发现，坚持一个长期的投资计划相当不容易——市场下跌的时候，叹声一片，害怕亏欠的心理往往会让人们改变长期投资的计划；而如果市场飙升，往往就会导致大家为了追求更多的收益而承担过高的风险。

追涨杀跌成为人们不可克服的人性弱点，极少有人能够逾越。所以，尽管很多人喜欢选时，而且总认为自己可以买在最低点、卖在最高点，但实际上正好相反，让众多投资人叫苦不迭。

波段操作并不容易，长期持有才是简易而有效的投资策略。我们假设在1991年至2005年间的任意一年年初投资A股，持有满1年，按上证指数收益率计算，投资收益为负的概率为47%；持有满3年，投资收益为负的概率为38%；持有满6年，投资收益为负的概率降到10%；而只要持有满9年，投资收益为负的概率才降为零，这样至少可以保证不赔。

所以，长期投资计划也要从长计议，忌"选时""追新"。市场不好的时候，就像开长途车遇到交通堵塞，看到路边骑自行车的人呼啸而过，虽然会有抱怨，但我们绝对不会因为羡慕自行车的灵便而把轿车卖掉，改买自行车继续旅程。

理财其实很简单，每一个想与财富结缘的人，迟早都要走上理财之路，既然是迟早的事，那为何不早一步呢？不要说现在没有钱，不要说你没有时间、没有经验。按照以下三个步骤走，你就可以成为理财高手。

一、攒钱

挣一个花两个，一辈子都是穷人。一个月强制拿出10%的钱存在银行或保险公司里，很多人说做不到。那么如果你的公司经营不好，老总要削减开支，给你两个选择，第一是把你开除，补偿两个月工资，第二是把你1000元的工资降到900元，你能接受哪个方案？99%的人都能接受第二个方案。那么你给自己做个强制储蓄，发下钱后直接将10%的钱存入银行或保险公司，不迈出这一步，你就永远没有钱花。

二、生钱

相比较而言，三个步骤当中就这一步还有点儿"技术含量"，而贫与富的差距也就在这里。世上原本就没有不劳而获的事情，要想舒舒服服地过上有钱人的日子，多动动脑子，学点儿理财知识还是值得的。

三、护钱

天有不测风云，谁也不知道会出什么事，所以要给自己买保险，保险是理财的重要手段，但不是全部。生钱就像打一口井，为你的水库注入源源不断的水源，但是光打井还不够，还要为水库修道堤坝，以防意外事故、大病等不测之灾把你的财富卷走。比如坐飞机，一个月如果有时需要坐10次飞机，每次飞机降落的时候有的人会双手合十，并不是信什么东西，只是他觉得自己的生命又重新被自己掌握了，因为在天上不知道会发生什么。所以建议每次坐飞机给自己买保50万～200万元的意外险，这是给家人的爱心和责任，这50万～200万元够家人和孩子生活很长一段时间。

换个思路想想致富这件事，不要再把理财当作一个计划，尽快把它化为行动吧！

◢ 理财圣经

财富的多少与理财的早晚有很大的关系。正所谓，早起的鸟儿有虫吃。理财开始得越早，越容易积累财富。

每月投资 700 元，退休拿到 400 万元

一个家庭，增加财富有两种途径：一种途径是通过努力工作储蓄财富；另一种途径是通过理财积聚财富。实际上，理财给家庭增加财富的重要性，远远大于单纯的通过工作赚钱。

如果每个月你有节余 700 元，能用来做什么？下几次馆子，买几双皮鞋，700 元就花得差不多了吧。你有没有想过，每月投资这 700 元，你就能在退休时拿到 400 万元呢！

为什么每月投资 700 元，退休时能拿到 400 万元呢？那就是理财发挥的重要作用。现年 30 岁的你，预计在 30 年后退休，假若从现在开始，每个月用 700 元进行投资，并将这 700 元投资于一种（或数种）年回报率 15% 以上的投资工具，30 年后就能达到你的退休目标——400 万元。

这就是利用了复利的价值。复利投资是迈向富人之路的"垫脚石"。有句俗语叫"人两脚，钱四脚"，意思是钱有 4 只脚，钱追钱，比人追钱快多了。

虽然对于"复利效应"，数据中永远的"15%"是很难实现的，但是"钱生钱"所产生的财富会远远高于我们的预计，这就是金钱的"时间效应"。忽略了这个效应，我们就浪费了财富增值的机会。不明白这个道理，我们就只会在羡慕别人的财富越来越多的同时，看着自己和对方的差距越来越大。

举个例子来说吧。假设你今年 20 岁，那么你可以有以下选择。

20 岁时，每个月投入 100 元用作投资，60 岁时（假设每年有 10% 的投资回报），你会拥有 63 万元。

30 岁时，每个月投入 100 元用作投资，60 岁时（假设每年有 10% 的投资回报），你会拥有 20 万元。

40 岁时，每个月投入 100 元用作投资，60 岁时（假设每年

有 10% 的投资回报），你会拥有 7.5 万元。

50 岁时，每个月投入 100 元用作投资，60 岁时（假设每年有 10% 的投资回报），你会拥有 2 万元。

也许有人会提出疑问，这么大的差距是怎么产生的呢？很简单，就是上面的数据中所体现出来的——差距是时间带来的。经济学家称这种现象为"复利效应"。复利，就是复合利息，它是指每年的收益还可以产生收益，即俗称的"利滚利"，而投资的最大魅力就在于复利的增长。如果你每个月定期将 100 元固定地投资于某个基金（即定期定额计划），那么，在基金年平均收益率达到 15% 的情况下，坚持 35 年后，您所获得的投资收益绝对额就将达到 147 万元。

过去，银行的"零存整取"曾经是普通百姓最青睐的一种储蓄方式。每个月定期去银行把自己工资的一部分存起来，过上几年会发现自己已经小有积蓄。如今，零存整取收益率太低，渐渐失去了吸引力，但是，如果我们把每个月去储蓄一笔钱的习惯换成投资一笔钱呢？结果会发生惊人的改变！这是什么缘故？

由于资金的时间价值以及复利的作用，投资金额的累积效应非常明显。每月的一笔小额投资，积少成多，小钱也能变大钱。很少有人能够意识到，习惯的影响力竟如此之大，一个好的习惯，会带给你意想不到的惊喜，甚至会改变你的一生。

更何况，定期投资回避了入场时点的选择，对于大多数无法精确掌握入场时点的投资者而言，是一项既简单而又有效的中长期投资方法。

◢ **理财圣经**

如果你乐于理财，并能够长期坚持，每月投资 700 元，退休拿到 400 万元绝对不是梦想。通过理财积累财富，贵在坚持。

第二章　你不理财财不理你，理财先要理观念

有财不理，财就离你越来越远了

许多年轻人刚刚走上工作岗位，每月都拿着固定的薪水，看着自己工资卡里的数字一天天涨起来，他们开始尽情地消费。在消费的时候他们从来不觉得花掉的是钱，总感觉是在花一种货币符号。他们似乎并不是很担心没钱的问题，认为这个月花完了，下个月再挣，面包总会有的。直到有一天他们囊中羞涩，想拿信用卡刷卡时售货员告诉他们："这张卡透支额度满了。"这时，他们才惊慌起来，开始奇怪："每个月的薪水也不少，都跑到哪儿去了？"是啊，那些钱财都跑到哪里去了呢？怎么不理你了呢？实际上，你自己都不去理财，不对你的钱财负责任，有钱的时候就挥霍，没钱了还能怨谁呢？所以如果我们想让钱财主动找我们，主动留在我们的腰包里，首先要明确一个观点：赚钱虽重要，但

是理财更是不可或缺的。只会赚钱不会理财，到头来还是一个"穷人"。你不去理财，也别想着让财来理你。

李小伟是在北京工作的一个白领，那时的月薪是5000元，除去租房的开支，每月还能剩下不到4000元，可他每到月底还是要向朋友借钱。究其原因，原来，李小伟只会努力工作，努力挣钱，以为这样自己就可以富起来，从来没有考虑过如何理财。晚上熬夜看电影、上网，第二天起不来又怕迟到扣奖金，只好打车上班。不喜欢吃公司的食堂，一到中午就出去吃快餐，平均比食堂贵出将近10元钱。而周末又是聚餐、健身、喝酒，玩得不亦乐乎。每个月都如此，他从来没有理财的概念，也正是因为这样，工作两年了，他还没有任何积蓄。钱财好像和他有仇似的，从来不曾找过他。

而同样生活在北京的叶子，每月只能挣1500元，不过与别人合租了一个郊区的平房，扣除房租400元外，还结余1100元。可是她不但不用向别人借钱过日子，每月还能剩余500元。原来，她的作息很有规律，每天也不会到外面吃饭，而是自己买菜做饭。平常为了省下坐地铁的钱，她每天都起很早赶公交，周末就待在家里看书、看电视。虽然她也爱买衣服，但都是去服装批发市场和商贩讨价还价。这样每月的消费就很少，结余就相对多了。时间长了，看见存折上的数字不断上涨，叶子的心里美滋滋的。

从上面的故事我们可以看出：很多像李小伟一样的人挣的钱虽然不少，可不会理财，花得更多，这样钱财还是离他远远的。不注重理财、不善于理财，钱财也不会去理你，所以你就要过拮据的生活。而像叶子虽然挣得很少，可是精打细算还是会有结余。不过我们还不能说叶子就是一个理财高手，因为我们还不知道她会把结余的钱用在哪儿。

看来，想让财去理你，你就必须学会理财。要知道，理财可以改善你的生活品质。

▲ **理财圣经**

如果我们想生活得更加富足和舒适，想让财富自己找上门来跟着我们，并对我们不离不弃，就一定要学会主动理财。如果有财不理，财会离我们越来越远。

成功理财必备的三大心理素质

要想成功理财，我们必须具备一些基本的素质。希望下面列出的几种成功理财素质，能对广大理财者有所帮助。

一、拒绝贪婪

贪婪会使人失去理性判断的能力，不顾投资市场的具体环境就勉强入市。不错，资金不入市不可能赚钱，但贪婪使人忘记了入市的资金也可能亏掉。不顾外在条件，不停地在投资市场跳进跳出是还未能控制自己情绪的理财新手的典型表现之一。

贪婪也会使理财者忘记分散风险，脑子里美滋滋地想象着如果这只股票涨两倍的话能赚多少钱，忽略了股票跌的情况。理财新手的另外一个典型表现是在加股的选择上：买了 500 股 20 元的股票，如果升到 25 元，就会懊悔，如果当时我买 1000 股该多好！同时开始想象股票会升到 30 元，即刻又加买 2000 股，把绝大部分本金都投在这只股票上；假设这时股票跌了 2 元，一下子从原先的 2500 元利润变成倒亏 2500 元。这时理财者失去了思考能力，希望开始取代贪婪，他希望这是暂时的反调，股票很快就会回到上升之途，直升至 30 元。

其实追加投资额并不是坏事，只是情绪性地追加是不对的，特别在贪婪控制人的情绪之时。是否被贪婪控制，自己最清楚，不要编故事来掩饰自己的贪婪。

总之，要学会彻底遏制贪婪，要学会放弃，有"舍"才有"得"。

二、保持谨慎，不过于自信

过分自信的理财者不仅会作出愚蠢的理财决策，同时也会对整个股市产生间接影响。

理财者一般总是非常自信，认为自己比别人聪明，能独具慧眼挑选能赚钱、能生金蛋的股票，或者，最差他们也能挑中更聪明的资金经理人，这些经理人能胜过市场。理财者有一种趋势，总是过高地估计自己的技巧和知识，他们只思考身边随手可得的信息，而不去收集鲜有人获得，或难以获得的更深入、更细微的信息；他们热衷于市场小道消息，而这些小道消息常常诱使他们信心百倍地踏入股市。另外，他们倾向于评价那些大家都获得的信息，而不是去发掘那些没什么人知道的信息。

正是因为过于自信，很多资金经理人都作出过错误的决策，他们对自己收集的信息过于自信，而且总是认为自己的比别人的更准确。如果股市中所有的人都认为自己的信息永远是正确的，而且自己了解的是别人不了解的信息，结果就会导致出现大量的交易。

总之，过分自信的理财者总是认为他们的投资行为风险很低，而实际上并非如此。

三、有足够的耐心和自制力

有耐心和有自制力都是听起来很简单但做起来很困难的。理财是一件极枯燥无味的工作。有的人也许会把理财当成一件极其刺激好玩的事，那是因为他把理财当成消遣，没有将它当成严肃的工作。如同围棋一样，围棋爱好者觉得围棋很好玩，但问问那些以下棋为生的人，他们一定会告诉你，成日盯谱是多么枯燥单调。其中的道理是一样的。每天收集资料、判断行情，参照自己的经验订好炒股计划，偶尔做做或许是觉得有趣的事，但经年累月地重复同样的工作就是"苦工"。如果不把"苦工"当成习惯，无论是谁，成功的希望都不会大。

因为理财单调乏味，新手们就喜欢不顾外在条件，在投资市场跳进跳出寻求刺激。在算账的时候，理财者自然能明白寻找这一刺激的代价是多么高昂。理财者必须培养自己的耐心和自制力，否则想在这行成功是很难的。

◢ 理财圣经

知道狮子是怎样捕猎的吗？它耐心地等待猎物，只有在时机适合的时候，它才从草丛中跳出来。成功的理财者具有同样的特点，他绝不为理财而理财，他会耐心地等待合适的时机，然后采取行动。

提高财商，你也可以成为百万富翁

要想成为百万富翁，首先你要弄明白什么是财富。也许马上就会有人说，财富不就是钱吗？金光闪闪的黄金、厚厚的人民币以及巨额的银行存款？当然，我们不否认这都是财富的一种体现，而财商的精神要旨在于如何去管理金钱，成为金钱的主人，我们不仅要学会用钱赚钱，而且要在财务安全和财务自由中体现人生的快乐，这才是理财的真谛！而这一切都需要有很高的财商。

如果你也想成为百万富翁，那就着手提升你的财商吧！一个人要拥有高财商，必须掌握哪些知识呢？

（1）基本的财务知识。很多优秀的人才，都懂得利用自己的知识和能力赚钱，但是却不懂如何把赚来的钱管好，利用钱来生钱，这主要是因为他们缺乏基本的财务知识。因此，投资的第一步就是掌握基本的财务知识，学会管理金钱，知道货币的时间价值，读懂简单的财务报表、学会投资成本和收益的基本计算方法。只有学会这些基础的财务知识，才能灵活运用资产，分配各种投资额度，使得自己的财富增长得更快。

（2）投资知识。除了财务知识以外，我们还要掌握基本的投资之道。现代社会提供了多种投资渠道：银行存款、保险、股票、债券、黄金、外汇、期货、期权、房地产、艺术品等。若要在投资市场有所收获，就必须熟悉各种投资工具。存款的收益虽然低，但是非常安全；股票的收益很高，但是风险较大。各种投资工具都有自己的风险和收益特征。

熟悉了基本投资工具以后，还要结合自己的情况，掌握投资的技巧，学习投资的策略，收集和分析投资的信息。只有平常多积累，才能真正学会投资之道。不仅要多看多学，还可以参加各种投资学习班、讲座，阅读报纸杂志，通过电视、网络等媒体多方面获取知识。

（3）风险的管理。天有不测风云，人有旦夕祸福，若不做好风险管理与防范，当意外发生时，可能会使自己陷入困境。一个人不但要了解自己承受风险的能力，即自己能承受多大的风险，而且还要了解自己的风险态度，即是否愿意承受大的风险，这会随着人的年龄等情况的变化而变化。年轻人可能愿意承担风险但却没有多少财产可以用来冒险，而老年人具备承受风险的财力，却在思想上不愿意冒险。一个人要根据自己的资产负债情况、年龄、家庭负担状况、职业特点等，使自己的风险与收益组合达到最佳，而这个最佳组合也是根据实际情况随时调整的。

为了提高自己的财商，首先，就要去学习，平时多浏览这方面的书籍和报纸，相信一定会不断丰富你的投资理财知识。

其次，注意日常生活中的经济信息也很重要，比如电视、报纸、杂志等。我们每天都会接触到这样或那样的投资信息，假如你给予一定的关注，并不断地积累和总结，相信终会有所收获。

再次，实践出真知。其实我们每个人都在不同程度上进行着财务的规划和安排，随着年龄和经验的增长，财富的积累，我们的财商也在不断地提高。具备一定的财商后，我们参与投资的程度会更深，得到的回报也会更大，会更加提高我们参与投资实践的积极性。这样从实践到理论，从理论再到实践的反复过程，会使得我们的财商大大提高。

最后，观念或习惯是影响财商最重要的因素。你也许从小就养成了挥霍的习惯，或者你已经习惯了把你的收入的大部分存入你经常去的那家银行，或者你的收入主要花在购买化妆品或者招待朋友上……这些习惯一时是很难改变的。因此，要获得高财商，成为一个百万富翁，除了学习一些必要的财务知识、掌握市场信息和总结自己的投资实践经验外，还必须抛弃自己错误的投资观念，树立正确的投资思想，才能真正成为投资高手。

◢ **理财圣经**

成为百万富翁其实没有我们想象的那么难。如果你能注意随时提高我们的财商，努力掌握一些理财知识，相信你很快就会成为百万富翁。

致富要趁早，
理财不宜迟

强化理财意识，迈出理财第一步

理财是我们大多数人都应该面对的一项工程，尤其是对掌管着家庭财权的家庭主妇们来说，理财在生活中已经不知不觉地占据了很重要的位置。从最初的一无所有，到现在的略有积蓄；从解决最基本的衣食住行，到有所投资，生活、理财都需要从长计议。只有做到科学理财，你的人生之路才会顺畅而美好。

日常生活中，很多人之所以过得窘迫，很大一个原因就是没有理财的意识，而秉持"今朝有酒今朝醉"的生活理念。

你是一个这样的人吗？你拥有理财意识吗？在揭晓答案之前，你不妨问自己这样一些问题：

你是不是工资不少但经常不够用？

你是不是经常困惑于"明明比××很有钱，却为何经常向他蹭饭"？

你手头的钱还能用多久？一个月？两个月？还是只能用一周呢？

……

请给自己几分钟来思考吧。

如果你的钱不够用，或者经常会向朋友蹭饭过日子，或者手头的钱都不够维持一个月……那么，可以确定，你尚缺乏理财的意识，是时候对自己的理财意识进行强化了。

缺乏理财意识，你会怎样？

（1）你无法管理好自己的财产，你的财务状况一团糟。

（2）你没有记账本，也不知道钱都是怎么花的，都干什么了。

（3）你没有足够的钱来支撑自己的生活，即便你挣得很多，可每到月底还要和人借钱度日。

（4）在面对突来的严重疾病时，你的医疗费基本上靠朋友或者家人的资助。

（5）在你被老板炒了或者你炒了老板之后，你才发现手头上的钱只能支撑一两周，所以不得不去家里或者朋友那里蹭日子。

看看上面的单子吧，那样混乱的生活是你所想要的吗？

相反，如果你拥有并强化了你的理财意识，你的生活就是另一个样子了！当然，每个人都想要更好的生活，那该怎样强化自己的理财意识呢？

（1）你应当确信理财能为你带来财富，并决心努力学习理财。

（2）你应当拥有理财目标并设立理财计划。

（3）你应牢记——要拥有记录花销的家庭账本，并清晰地知道钱的来源和支出方向。

（4）你应牢记——要通过各种途径收集理财信息和成功者的理财经验，并在必要时向专业理财师求助。

（5）你应决定——除了基本的医疗保险外，为自己买一份另外的商业保险，以便在重病时能减轻自己身上的负担。

（6）你应决定——要留有积蓄，至少够你 2 个月的生活费，以在你失去工作时，能够支撑到你找到下份工作。

在经过认真思考之后，你是否认为自己应该强化一下理财意识了呢？

给自己做个彻底的清算，你该和过去的自己划清界限了，加深自己对理财的了解，重视相关的理财知识，才能让你真正开始理财的历程。

▲ 理财圣经

工欲善其事，必先利其器，强烈的理财意识正是你要开始理财之前必须打造的利器。

制订一张完善的财富计划表

投资的具体操作很简单，通常只要在投资机构开一个户头，看到什么好的投资项目，便可通过投资机构入市，等到升值了，认为已经升到顶，便可以出货，赚取其中的差额。很多投资基金项目的投资人，甚至不必去证券所，只要相信基金公司的管理，把资金交到他们手上，付给其一定数额的管理费，他们就会把资金集合起来，做全面性的投资，你就可以赚取一定的回报。

从表面上看，投资根本不需要什么计划，但事实并非如此，没有计划的投资，一定是失败的投资。投资讲求以一个投资方针贯穿整个计划，各项投资相互联系，不能孤立起来看，必须了解每一个投资项目在这个计划当中所占的地位、所扮演的角色，这样才能明白其中的意义。

通常情况下，如果没有事先想好的计划，人们的行为会显得杂乱无章。没有一个全局的规划，根本无法作出最明智的选择和决定。此时，一张计划表的作用远远大于了它作为纸张的作用，它代表了你的方向，你的目标，甚者是你一生的财富。为了对自己的人生负责，你应对金钱的运用有所思考并作出计划。

一张计划表能为你带来什么？

（1）一个明确的奋斗方向。

（2）一个清晰的财富增值的过程。

（3）各种能够让你实现财富计划的措施、方法。

（4）每次看到这个计划时，产生的不断要求成功的心理暗示。

它能让你心潮澎湃，让你一直充满动力，一直朝着目标不断努力奋斗！它实际上也在无形中改变了你的一生。可见，它的价值，绝对要比你想象中的要大得多！

为了能让你更好地设定自己的财富计划表，下面就为你提供一个关于其内容的模板。

计划表包括哪些内容？

（1）有理财的总目标（如要成为拥有多少资产的富翁）。

（2）将理财分为多个阶段，在各个阶段设一个中级理财目标。

（3）落实到最基础的目标。将各个阶段再仔细划分，一直落实到每天要达到一个怎样的低级理财目标。

（4）规划好每个阶段如何实现。例如都通过什么方式、途径来实现这些目标。

（5）考虑意外事件。如果遇到各种意外情况，计划应当如何调整，或者如何应对。

除了上面这些，能否制订成功的计划表还有一个关键性的因素，就是要"量体裁衣"，让它适合自己。每个人的人生经历不同，个人精力不同，因此各自设立的理财目标、阶段，以及各种理财途径等都不同。你要仔细考虑，想好自己各个方面的情况。

你所处的人生阶段是哪一个？刚起步？新婚？中年？老年？

家庭情况如何？成员几个？收支情况如何？身体如何，有无重病或者伤残？

自己的时间、精力如何？是否有精力管理各项投资？

理财的最终目的和目标是什么？为了生活更充足？为了满足自己的致富梦想？想成为百万富翁、千万富翁或者亿万富翁？

理财的途径和方法是什么？投资股市、基金，还是交给代理人管理？

制订一份合适的理财计划表是你对财产负责的表现。总之，想要修筑自己的财富城堡，这样的一份计划表是不能少的。

◢ 理财圣经

没有计划，投资就像航行在海上而没有指南针的船一样。有了计划，投资就像有了掌舵人，有了前进的方向，知道自己下一步将会怎样发展下去，还差多少达到目标，离成功还有多远，以及还需多少资源、多少努力才会成功，之后就可以按照需要逐步实现自己的目标。

掌握投资理财的十二大基本策略

在投资理财市场中，每一个人的投资理财策略虽有不同之处，但有一些是最基本的，是必须遵守的。比如：

（1）以闲余资金投资。如果投资人以家庭生活的必需费用来投资，万一亏损，就会直接影响到家庭生计。而且用一笔不该用来投资的钱来生财，心理上已处于下风，在决策时亦难以保持客观、冷静的态度，容易失误。

（2）知己知彼。投资人需要了解自己的性格，如容易冲动或情绪化倾向严重的人并不适合于股票投资，成功的投资人能够控制自己的情绪，能够有效地约束自己。

（3）切勿过量交易。要成为成功的投资人，其中一项原则是随时保持3倍以上的资金以应付价位的波动。假如你的资金不充足，应减少投资品种，否则，就可能因资金不足而被迫"斩仓"以腾出资金来，纵然后来证明眼光准确亦无济于事。

（4）正视市场、摒弃幻想。不要感情用事，过分憧憬将来和缅怀过去。一个充满希望的人是快乐的，但他并不适合做投资家，一位成功的投资人是可以分开他的感情和交易的，因为他明白市场永远是对的，错的总是自己。

（5）切勿盲目。成功的投资人不会盲目跟从别人。当人们都认为应买入时，他们会伺机卖出。当大家都处于同一投资位置，尤其是那些小投资人亦都纷纷跟进时，成功的投资人会感到危险而改变路线。

（6）拒绝他人意见。当你把握了市场的方向而有了基本的决定时，不要因别人的影响而轻易改变决定。也就是说，别人的意见只能作为参考，自己的意见才是最终的决定。

（7）当机立断。投资人失败的心理因素很多，但最常见的情形是：投资人面对损失，亦知道已不能心存侥幸时，却往往因为犹豫不决，未能当机立断，因而愈陷愈深，使损失增加。

（8）忘记过去的价位。一般说来，见过了高价之后，当市场回落时，对出现的新低价会感到相当不习惯，当时纵然各种分析显示后市将会再跌，市场投资气候十分恶劣，但有些投资人在这些新低价位水平前，非但不会把自己所持的货售出，还会觉得很"低"而有买入的冲动，结果买入后便被牢牢地套住了。因此，投资人应当"忘记过去的价位"。

（9）定好止损点。这是一项极其重要的投资技巧。由于投资市场风险很高，为了避免万一投资失误而带来的损失，每一次入市买卖时，我们都应该定下止损点，即当价格跌至某个预定的价位，还可能下跌时，就立即交易结清，控制损失的进一步扩大。

（10）重势不重价。我们买入某种投资工具的原因是因为预期它将升值，事先买入待其升值后再卖出以博取差价。这个道理很简单，但是，初入市的人往往忘了这个道理，他们不是把精力放在研究价格的未来走势上，而是把眼光盯在交易成本上，经常是寻找了一天的最低价，而错失买卖时机。正确的做法是，认准大势，迅速出击，不要被眼前的利益所迷惑，只要它还能涨，今天任何时候买，明天再看都是对的，今天的最高价也许就是明天的最低价。

（11）关键在于自律。人们对很多投资策略和投资技巧都耳熟能详，为什么还有那么多人亏损呢？因为很多人都是说得到，做不到。如果能够下决心，相信综合计算赚多亏少并非难事。

（12）发挥自己的优点。投资不是简单的机械运动，因为投资人是人，人是有思想、有感情的。人可以思考，有自己独特的个性。何况投资市场中什么样的人都有，有男有女，有老有少，有知识分子，也有纯实战派。因此，根本不存在一套统一的投资法则，最重要的是结合自身优点进行投资。

比如，有些人比较害羞，不善于交谈，不善于结交朋友，所以，他们投资便不能通过朋友或他人而获得投资的"参考消息"。但他们的优点在于心细如丝，分析精密，所以很适合静静地分析。

而有些人性格急进，做事干脆，有时显得太草率，但如果能在急进当中加入理性分析，却是一大优点。反过来，慢不一定是缺点，也可以是优点。在危急情况下当然要快，但在分析时，慢却能使头脑冷静，思维有条有理，经过深入分析之后，看中一种投资工具，下重本，等收成，有可能一次大发。

无论你的性格怎样，知识水平如何，你都具有优点。只要你能发掘这些优点，并把它用到投资上，你就有机会踏上成功之路。

◢ 理财圣经

做什么事情都应掌握一定的方法或策略，才更容易成功，投资理财也不例外。合理运用以上十二大策略，相信你的理财之路会非常顺畅。

谨慎防范投资理财中的各类陷阱

现在，中国投资市场异常火热，在投资过程中，投资人还要防范下面的几种陷阱，以防被诈骗。

一、不要盲目跟随"炒股博客"炒股

股市火爆带动各种"炒股博客"如雨后春笋般涌现，投资人若盲目跟随"炒股博客"炒股，将可能面临财产损失求告无门的风险。同时，"炒股博客"可能成为"庄家"操纵市场的工具，股民若盲目将"炒股博客"上获取的所谓"专家意见"当成投资依据，只会大大增加投资风险，很有可能血本无归。

二、谨防委托民间私募基金炒股

从 2006 年下半年股市逐渐升温以后，新入市的投资人有相当

一部分对股票、基金等一窍不通，这就让民间私募基金有机可乘。他们常常以咨询公司、顾问公司、投资公司、理财工作室甚至个人名义，以委托理财方式为投资人提供服务。但事实上，民间私募基金本身并不是合法的金融机构，或不是完全合法的受托集合理财机构，其业务主体资格存在瑕疵。另外，民间私募基金与投资人之间签订的管理合同或其他类似投资协议，往往存在保证本金安全、保证收益率等不受法律保护的条款。更有部分不良私募基金或基金经理存在暗箱操作、过度交易、对倒操作、老鼠仓等侵权、违约或者违背管理人义务的行为，上述做法都将严重侵害投资人利益。

三、不要私自直接买卖港股

调查显示，内地居民私自直接买卖港股的方式有两种，即内地居民利用"自由行"等机会到香港开立港股证券交易账户，投资港股；或者由证券公司协助开立港股证券交易账户进行投资。根据我国有关法律规定，除商业银行和基金管理公司发行的 QDII（合格的境内机构投资人）产品以及经过国家外汇管理局批准的特殊情况外，无论是个人投资人还是机构投资人都不允许私自直接买卖港股。内地居民通过境内券商和其他非法经营机构或境外证券机构的境内代表处开立境外证券账户和证券交易都属于非法行为，不受法律保护。如果私自买卖港股，投资人的风险无形之中将大大提升。

四、谨防非法证券投资咨询机构诈骗

有些非法证券投资咨询机构利用股市火爆，趁机对投资人实施诈骗活动。例如，深圳有关执法机构就曾联合查处了罗湖和福田两区 8 家非法证券投资咨询公司。这些公司通过电话、电视和网络等方式大肆向全国各地做广告，宣称推出了新的理财方式，会员无须缴纳会员费，只要将自己的资金账户、证券账户及交易

密码告知公司的业务员，公司就可代会员进行股票买卖，联合坐庄，保证每年 100％或者更高的收益，赢利后按约定的比例收取咨询费用。但实际情况是，这种公司取得投资人的资金账户、证券账户和密码后，会以对坐庄个股保密为由，立即修改密码，然后将账户中的股票全部卖出或将资金全部转走。

◢ 理财圣经

总而言之，投资是自己的事，用的也是自己的钱，投资人在投资过程中务必谨小慎微，否则一个不小心，就可能给自己带来巨大的资金风险。

第二篇
设计理财蓝图，
学习致富之道

第一章

为你的财务"诊诊脉"：

你是否已深陷财务危机

理财体检，看看你的财务是否陷入"亚健康"

理财体检是相对于健康体检而言的，健康体检是检查身体，发现问题及时治疗，保证身体的健康。理财体检则是对自己财务进行诊断，以便及时发现并消除自己理财过程中存在的误区与隐患，让自己的财务处于"健康"的状态，避免自己陷入财务危机。

那么，怎样对理财进行体检呢？下面四个问题可以帮你测测财务的健康状况。

一、自己该留多少钱备用

流动性资产是指在急用情况下能迅速变现而不会带来损失的资产，如现金、活期存款、货币基金等。

流动性比率＝流动性资产÷每月支出

专家指出，如果某人月支出为800元，那么这个人每月合理的流动性资产，也就是闲钱就应在 2400 元~4800 元。如果这个人的流动性比率大于 6，则表明这个人的闲置资金过多，不利于资金的保值、增值，也表明这个人打理闲置资金的能力不足；反之，若流动性比率过低，则意味着这个人已出现财务危机的迹象，也就是常说的资金"断流"。此外，一旦这个人出现家人病重住院等突发事件，如果闲钱过少，受到的影响更是不可估计。

二、每月该花多少钱

消费比率 = 消费支出 ÷ 收入总额 ×100%

这一指标主要反映个人财务的收支情况是否合理。

专家认为，如果个人消费比例过高，则意味着这个人的节余能力很差，不利于财务的长期安全，如比例达到 1，则表明这个人已达到"月光族"的状况。

如果比例过低，表明这个人用于日常花费很少，会影响他的生活质量和品质，如果更低，就相当于我们常说的"铁公鸡"。

三、每月还贷多少钱

偿债比率 = 每月债务偿还总额 ÷ 每月扣税后的收入总额 ×100%

这一指标主要反映一个人适合负担多少债务更合理。

专家认为，债务偿还比率主要针对目前准备贷款或已经贷款的个人而言，俗话说"无债一身轻"，若一个人的债务偿还比率为零，则表明这个人的财务自由度会非常高。

相反，若一个人的债务偿还比率接近或高于 35%，再加上 40%~60% 的消费比率，那么这个人会随时面临财务危机，只能一方面减少消费比例，另一方面不断增加收入。

四、每月投资多少钱

净投资资产 ÷ 净资产 ≥ 50%

这是反映一个人投资比例高低的指标，其中，净资产是指包括房产和存款在内的总资产扣除个人总债务的余额。净投资资产是指除住宅外，个人所拥有的国债、基金、储蓄等能够直接产生利息的资产。

专家认为，个人投资理财应该是一种长期行为和习惯，目的在于提升个人的生活质量，而这首先要建立在有财可理、有钱可投的前提下。若一个人投资比例过低，表明这个人节余能力不足，这与这个人的债务偿还比率、消费比率、流动性比率都有关系。

若一个人投资比例过高，则意味着这个人的资金面临的风险更大，一旦出现问题，对日常生活影响更大。

现在，请你自我评估一下，看看自己的财务是否健康。如果答案并不乐观，那就要尽快想办法解决。除此之外，在不同的人生阶段你还要考虑下列的问题。

（1）结婚计划。

（2）购房计划。

（3）子女教育计划。

（4）老人的赡养计划。

（5）自己的退休计划。

综合以上各个阶段，你再检测一下，看看自己的财务是否还健康。若得到的回答是肯定的，那么恭喜你，你的财务通过了全面的测试，可以确定为健康了。若相反，你就要当心，危机可能随时会光临。总之，保持财务的健康是你的"理财之本"，这条千万要切记！

◢ 理财圣经

理财体检也可以利用网络上提供的理财体检系统，在线填写家庭财务数据如资产负债、收支明细等财务状况，自助完成对家庭财务隐患的诊断，让自己更清楚地了解自己的财务现状。

查看收支，看看你的财务是否独立

对我们每一个人来说，离开财务独立来谈独立都是不成立的，因为只有财务独立才能算是真正的独立。如果你在经济上总是依靠别人，你的财务是处于一种极其危险的境地的。俗话说"靠山山倒，靠人人跑"，当你依靠的"财源"离开了你，你就一无所有了。所以为了财务的安全起见，我们还是努力让自己的财务保持独立比较好。

财务独立说明你拥有足够的金钱给自己支配。有了金钱，你就拥有了大家羡慕的生活，你就有了发言权，不再是别人说一自己不敢说二的懦弱者。"富有的愚人的话人们会洗耳恭听，而贫穷的智者的箴言却没有人去听。"在今天，金钱已经成为成功的标志和人生价值的重要衡量标准，在一些人的眼里甚至已经成为唯一的衡量标准。在一个家庭中，这也是地位权威的象征。所以，只有你财务独立，不再靠家人来养活，家人才会尊重你，你的意见他们才会考虑，他们才会把你当成一个独立的人来对待。而且财务独立是保证你顺利理财的第一条件，只有满足了这个条件，我们才能够理财，才能够向富人看齐。

时代不断在变化，人的观念也在发生变化。现在的财务独立，已经不能套用过去的方式。下面先让我们来做一个小测试，查查你的收支，看看你的财务是否独立。

（1）你是否能够完全靠自己的收入养活自己？

（2）你现在还有没还清的负债吗？

（3）你的信用卡透支了吗？

（4）如果出现紧急情况，你自己能应付吗？或者是否有应对措施？

（5）你是否拥有一定量的稳定的投资收入？

以上提出的都是最基本的条件，如果通过思考，你的答案是：能靠自己来养活自己；身上也没有负债；为了应付紧急突发事件，你为自己买了相应的保险或者留存了备用的存款；手头还有一定量稳定的投资收入。那么恭喜你，你的财务已经达到了基本独立。但如果有一条不符合，那你都不能算是财务独立，你的生活仍可能会因为一些意想不到的事件而被搞得一团糟，你的财务还是处于一种不安全的状态。

因此，就算是降低一下现在的生活水平，也要满足这些最基本的条件，这样你的理财致富计划才能顺利展开。

◢ 理财圣经

财务独立的第一步是攒钱，不管是以什么方式，都要把身上的零钱攒下来。可以到银行开立一个零存整取的业务，坚持每个月存进300元，无特殊情况不要动用里面的钱。

消费检查，揪出造成债务危机的"杀手"

不好的消费习惯会为自己带来很大的债务危机，如果你想要看看自己是否已经深陷财务危机，那么从现在开始，你就要检查检查自己的消费习惯，揪出造成债务危机的"杀手"。下面的劣习是造成债务危机的"杀手"，你看看自己有几个：

一、追求奢侈品

奢侈品，能为你带来的最大效用就是虚荣心的满足，能让你在人群中尽情炫耀，能让人觉得你与众不同。不过为了这种满足，你也付出了相应的代价——失去了更多的财富。

有一位富翁说："其实我们的消费并没有小说里写的那么奢侈。多年来，我一直坚持一个原则——舒适即可，杜绝奢侈，因为由俭入奢易，由奢入俭难。有再多的财富，也会被这些奢侈品消耗掉。"

不要怀疑这位富翁的话，就算你再有钱，还是会有你付不起账、买不了的奢侈品！

买了一些并没有什么实际用途的东西，却花了大量的钱，只要是会算账的人，都知道根本划不来。

那么，怎样远离奢侈品呢？

（1）生活用品能用的就继续用，没必要买的物品就先别买。

（2）用什么东西不必太讲究，过于精细的生活不一定是幸福的生活。

（3）凡事应克制自己的欲望，不奢求过度的消费，不追求不切实际的虚荣。

（4）在心里默默记住——只要舒适就好。

二、攀比心

大多数人都有攀比心。有时候，这种心态可以激发人的潜力，让人努力工作，努力得到他人的尊重；有时候，这种心态会让人狂傲孤僻，使众人疏离。有攀比心是很正常的，只要自己能把握好，就没什么可担心的。

现在，请做一个测试，来看看你的攀比程度。

（1）当别人的工资提高的时候，认为应该先提自己的，或者认为自己应该比他提得高。

（2）看到别人买房的时候，决心要买一个比他的更好的房子。

（3）看到别人买了新衣服、新首饰，自己决定要买更好的。

（4）看到别人出手阔绰、请客大方，自己也不切实际地要请更多的人，花更多的钱。

（5）看到别人的男朋友有钱，自己决定要找个更好、更出色的。

（6）看到别人的孩子出色，就要求自己的孩子要更棒。

（7）看到别人的丈夫给妻子买了很多奢侈品，也要求自己的丈夫买更贵的。

如果以上的问题，你的回答都是"是"，那就说明你的攀比心理很强，应该及时控制住，并尽量远离。因为攀比心强的人永远都不会觉得满足，欲念比一般人都要强，时间长了，其身体和心理都会出现问题。

攀比一旦成性，就不容易改掉。而攀比过程中的一笔笔费用，足以把你压得喘不过气。一件名牌衬衣、一辆高档轿车、一栋装修的豪宅，等等，这些看起来让你足以炫耀的物品，哪个不需要钱？想要理好自己的财，你就必须消除攀比心。

三、透支消费

自从银行提供了信用卡"透支"服务之后，人们就可以用今天的卡，花明天的钱。许多人为此欢呼不已，当然整个社会的经济发展也会因为消费的繁荣而被带动。可是，我们也要看到，透支是具有两面性的。

如果你透支是为了投资或者其他经营性目的，而自己又有一定资产可以相抵，则这种投资可以一试。可你若是为了消费来透支，就不太理智了。

透支消费，一方面会增长你不必要的消费额度，另一方面会让你养成乱花钱的不良习惯。很多人在不断地透支之后，由于还不上钱，成了"卡奴"。提前消费的钱在银行利息的滚动下，变成了更多债务，几年，甚至十几年都要不停地还。本想做金钱的主人，结果提前做了金钱的奴隶。

　　以上三个消费劣习是造成债务危机的主要"杀手"，只要你远离这三个"杀手"，你肯定能够远离债务危机，这样就可以减少你的财务危机出现的几率。

▲ 理财圣经

　　逛街的时候尽量不要带信用卡，即使带了也坚持用现金结账，这样你看着金钱从你手中溜走，就会因为心疼而收敛一点儿。

确定合理的理财目标

每个人理财都需要设定一个合理的目标,只有这样才能够更好地衡量自己的理财是不是有成效。因为不管我们做什么事情,总是由目标为我们指引正确的努力方向,理财也不例外。如果我们确立了一个合理的理财目标,我们就可以很好地积累自己的财产,管理好自己的经济生活。如果有意外事情发生,我们也能够从容地去处理。

那么怎样的理财目标是合理的呢?一个合理的目标必须要现实、具体、可操作。

(1)目标现实。也就是说确定的目标不是像我们做的白日梦那样,只是毫无根据地想象自己要过什么样的生活。确立的目标要符合实际,就像一个月薪 2000 元的人要在一年内买一栋别墅是不太符合现实的事情。

（2）目标具体。也就是说必须将目标具体化，就是定一个可以量化，可以达到的现实的状态。像有些人想要自己过得更好，这个就很抽象，因为"更好"只是相对应的说法，没有具体的可以测量的东西。

（3）目标可操作。也就是目标具有可行性，可行性就意味着目标可以达到但不能太容易，而且目标应该是分阶段的，是可以一步一步地去实现的。

一般来说，一个人在生活中的理财目标会有哪些呢?

（1）购置房产，指的是购买自己居住用房的计划，这是我们每个人的人生大事，总觉得有了房子才有家。

（2）购置居家用品，就是一般家庭大件的生活用品，例如电视、冰箱等。

（3）应急基金，指的是为了应付突发事件而准备的备用金。这是对生活有准备的人都会考虑的问题。

（4）子女教育，指的是为了支付子女教育费用所用的准备金。

这些是每一个人都会考虑的理财目标，有些人还会有一些特殊的目标规划，这里就不一一列举了。

那么自己该如何设定自己的理财目标呢? 设定理财目标最好是能够用数字来衡量的，并且是需要经过努力才能达到的。所以在设定理财目标时，以下的几个原则是必须要遵守的。

（1）目标要明确，必须定好达成的日期。

（2）目标要量化，用实际的数字来表示。

（3）目标实体化，假想自己目标已达成的情景，可以加强实现目标的动力。

为了规划未来的生活，你必须先了解现在的生活。在确定理财目标之前，最好先建立一张家庭资产表，这样就能够更好地了解自己的财务情况，这样才能够制定出一个合理的理财目标。

在不考虑别的社会因素的情况下，理财目标的实现一般与下列的几个因素有关。

（1）个人所投入的金额。所投入的金额并不是单单指你第一次地投入金额，而是指你所有的投入金额。

（2）投资标的的报酬率。投资标的指的是储蓄、基金、股票、黄金、债券等。

（3）投入的时间。投入时间的长短与收获有直接的挂钩，时间越长，所得就越大。

那么现在就请你拿出一张纸，把自己的家庭资产彻底地盘算一下，制作一个家庭资产表，然后根据自己的收入和追求，制定一个有实效的、合理的理财目标。每个人的追求不同，理财目标自然也就不同。

对于每一个人来说，理财都是自己一辈子的事情，都想让自己和家人过更加美好的生活。那么从现在开始，就确定自己的理财目标，相信有了目标的引导，我们就能够更好地规划自己未来的生活了。

▲ 理财圣经

把自己的目标和实现这个目标所需要的时间写下来，拿给自己的长辈和朋友们看看，让他们看看你的想法是否实际，不要自己在那里闷头瞎想。

理财计划要设计的内容

很多人认为理财就是单纯的理钱，其实并不是这样的，理财是对自己一生的财富规划，所以理财计划在理财的道路上显得非常重要，你一定要考虑周全。那么，理财计划都应该包括哪些内容呢？

一、居住计划

"衣食住行"是人们的四大基本内容，其中"住"是让人们最头痛的事情。如果居住计划不合理，会让我们深陷债务危机和财务危机当中。它主要包括租房、买房、换房和房贷等几个大方面。居住计划首先要决定以哪一种方式解决自己的住宿问题。如果是买房，还要根据自己的经济能力来选择贷款的种类，最后确定一个合适自己的房产项目。

二、债务计划

现代人对负债几乎都持坚决否定的态度，这种认识是错误的。因为几乎没有人能避免债务，债务不仅能帮助我们在一生中均衡消费，还能带来应急的便利。合理的债务能让理财组合优化，但对债务必须严格管理，使其控制在一个适当的水平上，并且债务成本要尽可能降低，然后还要以此制订合理的债务计划及还款计划。

三、保险计划

人生有许多不确定性，所以，我们需要用一种保障手段来为自己和家庭撑起保护伞，于是就需要一个完备的保险计划。合理而全面地制订保险计划，需要遵从 3 个原则：

（1）只购买确定金额内的保险，每月购买保险的金额比重控制在月收入的 8% 为佳。

（2）不同阶段购买不同的保险，家庭处在不同的时期，所需要的保险也是不同的。

（3）根据家庭的职业特点，购买合适的保险。

四、投资计划

一个有经济头脑的人，不应仅仅满足于一般意义上的"食饱衣暖"，当手头现有的本金还算充裕的时候，应该寻找一种投资组合，把收益性、安全性二者结合起来，做到"钱生钱"。目前市场上的投资工具种类繁多，从最简单的银行储蓄到投机性最强的期货，一个成功的投资者，要根据家庭的财务状况等妥善加以选择。

五、退休计划

退休计划主要包括：退休后的消费、其他需求，以及如何在不工作的情况下满足这些需求。单纯靠政府的社会养老保险，只能满足一般意义上的养老生活。要想退休后生活得舒适、独立，一方面，可以在有工作能力时积累一笔退休基金作为补充；另一方面，也可在退休后选择适当的业余性工作，为自己谋得第二桶金。

六、个人所得税计划

个人所得税与人们生活的关联越来越紧密。在合法的基础上，我们完全可以通过调整理财措施、优化理财组合等手段，达到合法"避税"的目的，这会为自己节省一笔小小的开支。

七、遗产计划

遗产计划是把自己的财产转移给继承人，是把自己的财产物尽其力的一种合理的财产安排。它主要是帮助我们顺利地把遗产转交到受益人手中。

以上是制订理财计划要设计的七大内容，各方面都要考虑周全了，没有主次之分，没有轻重缓急，都要一样地来对待。一个合理的理财计划是有很强的操作性的，所以设计这些内容的时候一定要具体化，落实到细节问题上，不能有模棱两可的选择，这样不仅会为自己带来一些不必要的麻烦，还会阻碍实现理财目标的步伐。所以我们一定要认真对待，全面考虑，想周全了才制订自己的理财计划。

▲ 理财圣经

　　平时多看一些理财故事，网络上、报纸上、电视的财经节目里也会有。看看别人是怎么安排自己的各项理财计划的，可以参考他们的安排先制订出一个雏形，然后细细地推敲。

时期不同，理财计划也不同

　　根据人生各个阶段的不同生活状况，我们如何在有效规避理财活动风险的同时，做好人生各个时期的理财计划呢？一般情况下，人生理财的过程要经历以下六个时期，这六个时期的理财重心都不一样，所以我们要区别对待。简单讲解如下：

　　一、单身期：参加工作到结婚前（2～5年）

　　这个时期没有太大的家庭负担，精力旺盛，但要为未来家庭积累资金，所以，理财的重点是要努力寻找一份高薪工作，打好基础。可拿出部分储蓄进行高风险投资，目的是学习投资理财的经验。另外，由于此时负担较轻，年轻人的保费又相对较低，可为自己买点人寿保险，减少因意外导致收入减少或负担加重。

　　二、家庭形成期：结婚到孩子出生前（1～5年）

　　这一时期是家庭消费的高峰期。虽然经济收入有所增加，生活趋于稳定，但为了提高生活质量，往往需要支付较大的家庭建设费用，如购买一些较高档的生活用品、每月还购房贷款等。此阶段的理财重点应放在合理安排家庭建设的费用支出上，稍有积累后，可以选择一些风险比较大的理财工具，如偏股型基金及股票等，以期获得更高的回报。

三、家庭成长期：孩子出生到上大学（9～12年）

这个时期家庭的最大开支是子女教育费用和保健医疗费等。但随着子女的自理能力增强，父母可以根据经验在投资方面适当进行创业，如进行风险投资等。购买保险应偏重于教育基金、父母自身保障等。

四、子女大学教育期：孩子上大学以后（4～7年）

这一阶段子女的教育费用和生活费用猛增，对于理财已经取得成功、积累了一定财富的家庭来说，完全有能力支付，不会感到困难，因此可继续发挥理财经验，发展投资事业，创造更多财富。而那些理财不顺利、仍未富裕起来的家庭，通常负担比较繁重，应把子女教育费用和生活费用作为理财重点，确保子女顺利完成学业。一般情况下，到了这个阶段，理财仍未取得成功的家庭，就说明其缺乏致富的能力，应把希望寄托在子女身上，千万不要因急需用钱而盲目投资。

五、家庭成熟期：子女参加工作到父母退休前（约15年）

这期间，由于自己的工作能力、工作经验、经济状况都已达到了最佳状态，加上子女开始独立，家庭负担逐渐减轻，因此，最适合积累财富，理财重点应侧重于扩大投资。但在选择投资工具时，不宜过多选择风险投资的方式。此外，还要存储一笔养老金，并且这笔钱是雷打不动的。保险是比较稳健和安全的投资工具之一，虽然回报偏低，但作为强制性储蓄，有利于累积养老金和资产保全，是比较好的选择。

六、退休以后

退休以后应以安度晚年为目的，投资和花费通常都比较保守，身体和精神健康最重要。在这时期最好不要进行新的投资，尤其不能再进行风险投资。

任何时期的理财都是会有风险的，所以，我们在进行投资理财前，有必要先盘算一下自己承担风险的能力，再去制订自己的理财计划。因为任何人在承受风险时都有一定的限度，超过了这个限度，风险就会变成负担或压力，可能就会对我们的心理、健康、工作甚至家庭生活造成很大的伤害。为了自己和家人的健康，我们都有必要做好每个阶段的理财计划，这是非常重要的事情。

◢ 理财圣经

每隔一个月就调整一下理财计划，这样就能够保证自己的理财计划与时俱进，不脱离自己的实际生活而成为一张废纸。

为理财付出行动：
如何确保理财方案获得成功

健康心态是理财成功的必要前提

一个人要想把生活过得有声有色，就必须要理财，而能够成功理财的必要前提是要拥有一个健康的心态。理财必须要让心踏实下来，否则就会像无头苍蝇到处乱闯，成为一个为了挣钱而工作的人。

犹太人很重视金钱，并认为金钱是现实中万能的上帝，是神圣的物品。但是在赚取金钱的时候，他们却只把金钱当作是一种很好玩的物品。

有一位富有的犹太金融家就坚持这样赚钱观念，他绝不会让赚钱变成一种心理上的负担。虽然在投资股票的时候，股价刺激着每一个人的神经，可他只想象着这是将钱投入了一次次危险但有趣的游戏中。他相信只有以这样游戏的心态去炒股，才是最佳的赚钱心态。

他说，在年轻的时候，他曾赚钱赚到痴迷的程度。在当时，他一直有一个习惯，每当黄昏的时候，他就到小报摊上买一份载有股市收盘的当地晚报回家阅读。当他的朋友都在娱乐的时候，他说："有些人热衷于研究棒球或者足球，我却喜欢研究怎么赚钱。其实这也是种娱乐，有趣又刺激。"

这位投资家非常洒脱，把挣钱当成一种游戏，这样，挣钱永远不会成为他的负担，这是非常健康的理财心态。曾经有人说过："心态决定命运。"同样，在理财的过程中，心态也起着主导的作用，它的健康与否也决定着你能取得财富的多少。

想要成功地理财，首先要了解自己的缺点和优点，然后找到一套最适合自己的理财方式，这样才会有成功的希望。如果整天就是羡慕别人的富有而没有学习，不去努力，那么你永远都不会取得成功。一个人在理财路上的成功与否并不在于他拥有多大的能耐，而是取决于他的心态。所以，要理财，我们就要树立一个健康的心态，不要因为自己的嫉妒、抱怨和后悔赶走了财富。

每一个人都想快点变为有钱人，甚至有人异想天开地想一夜暴富，把发财梦寄托在彩票上。其实这样是很不健康的。因为不劳而获的东西不可能长久，财富也一样。

比尔·盖茨曾经说过："当你拥有了1亿美元的时候，你就会明白，钱不过就是一种符号。"所以我们不要急功近利地去追求它。理财是要循序渐进的，欲速则不达。你要以平和的心态，健康的心态一步一步地做好理财的工作。不管做任何阶段的理财工作的时候，都要做到胜不骄，败不馁。因为所有的理财方式都会带有风险，回报率越高的理财方式风险就越大，没有一个高明的理财人没有吃过一点亏的，所以，任何时候都要平和、不急不躁，以一个健康的心态对待理财这件事。

如果真的遇上了意外的事情，你也要临危不惧。先把心踏实下来，让自己能够冷静地思考，以便能够更快地找到应急的方案。这也是理财必需的健康心态之一。

狮子是兽中之王，然而，你知道狮子是如何捕猎的吗？在向猎物发起进攻之前，它们都会耐心地等待，等到猎物彻底放松警惕的时候，才从草丛中猛然跃出，牢牢地抓住猎物。所以想要成功地理财，就要像狮子那样，在理财路上泰然自若，绝不会因为一次小小的波动而受到影响，因为一个和平的、健康的心态是理财成功的必要前提。

◢ 理财圣经

在理财的过程中，要保持一份健康的心态，经常告诉自己，钱是生不带来死不带去的东西，只要自己现在心情舒畅，身体健康就行，钱不是最重要的东西。

寻找适合自己的理财方式

理财计划设计得再合理，如果自己选择的理财方式偏离了自己，也很难实现自己的理财目标。下面是新时代形成的新的理财方式，你看看哪一个适合你自己。

一、生产开发型

对于一般的人，生产开发型理财较为困难。但对具有远见卓识，而且有一定能力的人来说，生产开发型则是其理财首选，堪称理财效益最有力的资源及最具潜力的基础。

二、经营创利型

如果说生产开发型是基础，那么经营创利型就是介于生产和消费的中间环节，即传统所称的商人。目前，经商理财者众多，大致可分为三个层次：一是跨国经商型，他们一般具有较丰富的经验，有一定资本实力；二是跨地区经商，利用不同地区的供求矛盾，创造良好的经营效益；三是本地经商，发挥自身特长，多以经营传统生意为主。尽管不同层次经营理财的范围和产品有一定的限制，但总体来说理财效果还不错。

三、安全稳健型

受国内个人投资理财环境和条件的限制，对更多的人来说，安全稳健最为重要。为求安居乐业，人们多依据自身现状，选择相适应的投资理财方式。

四、追逐高利型

追逐高利是理财者的共性，但怎样追逐，不同的理财者有不同的理念。往往低风险意味着低收益，高收益意味着高风险，很多人可能会在投资风险前望而却步。

在现实理财中，追逐高利型大有人在。一位金融白领，通过工作掌握了大量民间资金需求信息，于是选择了一些较熟悉的客户作为民间放贷对象，利率为12%，是银行正常利率的一倍。在其看来，通过这种方式理财可获得一般投资理财3倍的收益。从多元化经济发展的需要看，这种形式具有一定的积极意义，也为追逐高利的理财者提供了发展平台。

五、风险投资型

我国的风险投资虽起步较晚，但发展迅速，尤其是一些白领阶层、知识型收入者，更是从美国发展风险投资中得到启发，从中收益颇丰，许多人由此成为富豪。

六、投机取巧型

在我国经济的转型期，各种政策为适应经济发展形势的需要，必须经常调整，这往往会冲击一些人的经济利益，但同时也给投机取巧者带来了机会。

投机取巧型虽在理财中占比例不大，但对具有一定理财能力的人来说，具有较大利益诱惑，有些人因此不惜高价融资投机理财。当然，这也有较大风险，由此深陷泥潭者也屡见不鲜。

七、收藏增值型

随着收藏品拍卖行情不断上涨，收藏理财进入了更多的百姓家庭。一些人本来对收藏并不感兴趣，但看到收藏理财的价值，便也加入了这一阵营。

不仅如此，因为收藏与理财紧密挂钩，不少收藏者爱好广泛，不仅关注传统的邮票、字画、古董，还向以前少有人收藏的生活用品等方面发展。

八、超前消费型

如今，花明天的钱办今天的事，已成为众多具有现代观念的理财者的选择。我国个人消费贷款从零开始，短短几年已发展到2万多亿元，而且仍在以两位数的比率快速增长。

在一些较高收入的群体中，多数人都有良好的收入预期，这使他们在消费理财方面也走在了社会的前头。

总之，不同的理财有不同的回报效果。理财要实现高收益，就需因地制宜，因人而异，从实际出发，扬长避短，在充分调查论证的基础上，看准方向，找到最适合自己的那一款，这样才能走好自己的理财路。

你可以到专门的测试网站上找一些测试题来做做，这样可以更客观地帮你定位自己的理财类型。

把握理财通用守则

现在的社会的经济状况瞬息万变，理财方法也层出不穷，那么，该如何在这个万变的环境中实践自己已订的理财计划呢？有句俗话说得好：没有规矩，不成方圆。理财也有一些通用守则，你只要把握住了这些理财通用守则，你就能够以"不变"应"万变"，顺利实现自己的理财目标。

那么，理财通用守则都有哪些呢？

一、量入为出原则

量入为出是所有的理财守则中最重要的一条，就是要根据自己收入的多少来决定自己能够花多少钱。如果一个人一个月只挣2000元，而他却花了2500元，那么这500元是从哪里来的？肯定不是他的钱，他只能借用别人的钱，而下一个月他必须先还别人500元，这样他就只剩下1500元，那他就更不够花了。如果他还是不量入为出，还是会跟别人借钱，这样一个月一个月地滚，直到某天，他工作挣的钱就都是为别人而挣了，自己就变成了一穷二白的穷光蛋了。

所以，一定要量入为出，不要随心所欲地花钱，要清醒地认识自己的收入状况，根据自己的实际情况施行和修订自己的理财计划。

二、节省原则

节省不是让你当铁公鸡，它只是让你削减生活中的那些不必要的开支，能省则省，把钱都用在刀刃上。

三、让钱生钱原则

让钱生钱是让你主动去找钱，而不要整天被动地护着自己的那点钱。也就是说要拿自己的钱去投资，让钱生钱。这就要求自己要有一定的理财知识作为基础，全面了解各方面的行情，然后慎重斟酌，寻找一条正确的财路往前走。

四、放眼未来原则

放眼未来原则要求理财不要只局限于眼前，应该关注一下未来，关注一下全局。许多人总是只为眼前生活挣钱，从不为自己的将来打算。这是一种目光短浅的做法。理财必须要着眼于未来，它要为未来准备好足够的资金，让自己能够应对将会发生的各种各样的意外情况。所以，在理财的过程中，一定要遵守放眼未来的原则。

五、自我控制原则

自我控制原则可以说是最基础的理财原则，如果没有做到这一条，前面的量入为出、精打细算等四条原则就等于是废话。只有能够自我控制，才能够克制自己的消费欲望，精打细算，量入为出；在开拓财路时，只有能够自我控制，才不会为了眼前利益所迷惑，才能够审时度势，慎重出击，更顺利地实现自己的理财目标。

情人节之际，章先生到花店买玫瑰（平时玫瑰2元一朵，情人节标价20元一朵）。

章先生想：花虽贵，但不能不买。可是，买了还真心疼，毕竟买少了，面子上挂不住，买多了又费钱。

正在犹豫，店家走了过来，问："先生，买花啊？"

章先生："嗯。……这……咳咳，这玫瑰能不能便宜点儿？"

店家笑道："送女朋友吧？追女孩子怎么能怕花钱呢？若是因为这一大束花，换来了你的幸福，那可是太划得来了！"

章先生犹豫不决……

店家接着说："要不这样吧，您在我这里办张会员卡，我给您五折优惠。"

章先生说："啊？有这个必要吗？"

店家惊讶着说："怎么没有啊，谁家红白喜事不送花？难道非要等遇到了才知道买啊？"

章先生想了想也对，就办了张卡，买了束花。

章先生就是没有遵循自我控制这个原则，最终跳进了商家为他挖的坑。所以不管在什么时候，都不要忘记自我控制这个原则，因为它是理财的最基础的原则，是其他原则的前提。

▲ 理财圣经

每一次自己要花钱的时候就问自己：如果我今天不买这个东西，我还能吃饱睡好吗？如果答案是可以，那这次就不用花钱。

第三篇
盘活资产，
让钱生钱

有空没空养只"基":
让专家为你打理钱财

投资基金，争做新时代的"基民"

相信终日为钱奔波的上班族都曾有过这样的体验，眼看着周围的朋友因为投资股票或者基金挣了钱，换上了名牌，开上了轿车，自己却还是平民一个，吃穿都要时刻算计，心里十分不平衡。但是银行存折上的数字又不会跳动，怎么可能让自己变得有钱呢？投资股票和基金风险大，万一赔了亏不起。此时，你该怎么办？

在这个年代，你若还是个"储民"，那就有点老古董了，现代人赚钱的理念就是——进行风险投资。可能在你眼中，投资股票的风险自己无法负担，那你可以选择基金，变成新时代的"基民"。不要再羡慕别人了，与其浪费时间，还不如加快速度让自己的财富蜕变吧！

陈先生是个有名的车迷，很早以前就有买车的想法。从动了念头的那天开始，他便学开车、拿驾照，逛车市、看车展，总之，只要是和车有关系的，他都会关注。

原本这是件家人都大力支持的事情，可是家里经费紧张，就一而再、再而三地往后推，总也买不成。这买车的事就成了陈先生心上的一块病。

直到去年，事情才有了转机。当时股市开始进入牛市，他有很多朋友都靠基金赚了钱。他想：为什么不试试投资基金？于是他立刻行动起来。

他发现当时南方高增的行情非常看好，立刻就投入了两万元，果然不长时间，他的钱就到了五万元，见到收获颇丰，他立即又买了几只当时比较好的基金。在过了不到三年的时间里，就基本凑足了买车的钱。随后，陈先生就拿着钱兴高采烈地跑到车展会上选购了一辆心仪已久的车，他逢人便高兴地说："这回咱也是有车族啦！"

投资基金使陈先生成为有车族，实现了他的财富梦想。

说起基金市场，它在我国存在的年头虽然不长，但是已经有了巨大的发展。如今，走在路上，大家的话题都开始围着基金打转，甚至在公交车上你会听到有人在打电话的时候提到基金。可能你也已经开始接触基金了，但你是否真正地了解它？是否知道基金的定义？

基金是指通过发售基金份额，将众多投资人的资金集中起来，形成独立财产，由基金托管人托管，基金管理人管理，是一种实行组合投资、专业管理、利益共享、风险共担的集合投资方式。通俗地说，就是将投资大众的闲散资金交由专家管理，由他们凭专业知识进行专业理财。如果赚钱则扣除相关的费用后，按份额将赢利以不低于90％的比例对投资人进行分配，而且依目前的法律必须用现金分配；如果亏损，投资人按份额承担损失。

投资基金作为基金品种中的一种，它是通过向社会公开发行基金单位筹集资金，并将资金用于证券投资。基金单位的持有者对基金享有资产所有权、收益分配权、剩余财产处置权和其他相关权利，并承担相应的义务。

基金的出现标志了金融业的成熟。它由于自身的优势，越来越引起广大投资人的关注。现在，许多投资人因为高风险而不欣赏股票，又因低收益而不喜欢储蓄。基金刚好能够综合前两者的优势，于是国内很快就掀起了一阵购买基金的热潮。

投资基金并不难。基金市场上主要有以下几类人组成：基金投资人、基金管理公司、基金托管人。

这几类人存在着以下关系：

（1）委托关系。在基金投资的过程中，基金投资人并不亲自管理基金，而是委托基金管理公司和基金托管人对其财产进行管理。基金管理者和托管人通过聚集零散的社会资金来进行新的投资。既然是委托关系，则基金收益的受益人也是基金投资人。而投资人的资金与基金管理公司和基金托管人的自有财产相互独立。

（2）风险关系。基金投资人将资金委托给基金的管理人和托管人，就要承担相应的风险。而基金管理者并不承担经营风险，基金托管人是有托管资格的商业银行，也不承担风险。所以，挑选优秀的基金管理人十分重要。投资回报的高低主要取决于管理人的实战经验和理论知识。

（3）管理和保管关系。在基金管理人和投资人之间，再细点来说就是委托管理的关系，而基金托管人和投资人之间是委托托管关系。资产的管理和保管不在一个机构进行，相互分工明确，也就防止了基金被恶意挪用，从而保证了基金投资人的财产安全。

▲ 理财圣经

当我们的资产略有剩余时，为求安全保障，将自己积攒多年的银行存款拿出来交给基金专家打理，不失为一种良好的投资理财方式。

基金种类知多少

刚开始投资基金的新基民，往往一看到各种基金宣传单，以及报纸上各种基金介绍和分类，就脑子发昏，没了方向。即使有某些评级机构做的评级作参考，也不太明白自己应该买哪一个品种里的哪一只基金为好。

其实，选择基金的第一步，就是了解基金的种类，然后才谈得上选择适合自己的一只或多只基金，构建自己的基金投资组合。基金有很多种，根据不同标准可将投资基金划分为不同的种类。投资人可以依照自己的风险属性自由选择。在此，我们详细为大家介绍一下基金的种类。

（1）根据基金单位是否可增加或赎回，投资基金可分为开放式基金和封闭式基金。开放式基金是指基金设立后，投资人可以随时申购或赎回基金单位，基金规模不固定的投资基金；封闭式基金是指基金规模在发行前已确定，在发行完毕后的规定期限内，基金规模固定不变的投资基金。

（2）根据组织形态的不同，投资基金可分为公司型投资基金和契约型投资基金。公司型投资基金是具有共同投资目标的投资人组成以赢利为目的的股份制投资公司，并将资产投资于特定对象的投资基金；契约型投资基金也称信托型投资基金，是指基金发起人依据其与基金管理人、基金托管人订立的基金契约、发行基金单位而组建的投资基金。

（3）根据投资风险与收益的不同，投资基金可分为成长型投资基金、收入型投资基金和平衡型投资基金。成长型投资基金是指把追求资本的长期成长作为其投资目的的投资基金；收入型基金是指以能为投资人带来高水平的当期收入为目的的投资基金；平衡型投资基金是指以支付当期收入和追求资本的长期成长为目的的投资基金。

（4）根据投资对象的不同，投资基金可分为股票基金、债券基金、货币市场基金、期货基金、期权基金、指数基金和认股权证基金等。股票基金是指以股票为投资对象的投资基金；债券基金是指以债券为投资对象的投资基金；货币市场基金是指以国库券、大额银行可转让存单、商业票据、公司债券等货币市场短期有价证券为投资对象的投资基金；期货基金是指以各类期货品种为主要投资对象的投资基金；期权基金是指以能分配股利的股票期权为投资对象的投资基金；指数基金是指以某种证券市场的价格指数为投资对象的投资基金；认股权证基金是指以认股权证为投资对象的投资基金。

（5）根据投资货币种类，投资基金可分为美元基金、日元基金和欧元基金等。美元基金是指投资于美元市场的投资基金；日元基金是指投资于日元市场的投资基金；欧元基金是指投资于欧元市场的投资基金。

此外，根据资本来源和运用地域的不同，投资基金可分为国际基金、海外基金、国内基金、国家基金和区域基金等。国际基金是指资本来源于国内，并投资于国外市场的投资基金；海外基金也称离岸基金，是指资本来源于国外，并投资于国外市场的投资基金；国内基金是指资本来源于国内，并投资于国内市场的投资基金；国家基金是指资本来源于国外，并投资于某一特定国家的投资基金；区域基金是指投资于某个特定地区的投资基金。

▲ 理财圣经

不同类型的基金，风险和收益水平各有不同，其交易方式也有差别。买基金前，投资人首先就要弄明白自己要买什么类型的基金。

基金理财四大好处

与股票、债券、定期存款、外汇等理财工具一样，投资基金也为投资者提供了一种投资渠道。那么，与其他的投资工具相比，投资基金具有哪些好处呢？

具体来说，投资基金的好处体现在几大方面：

一、稳定的投资回报

举个例子，在 1965 年到 2005 年的 41 年的时间里，巴菲特管理的基金资产年平均增长率为 21.5％。当然，对于很多熟悉股市的投资人而言，一年 21.5％的收益率可能并不是高不可攀。但问题的关键是，在长达 41 年的周期里能够持续取得 21.5％的投资回报。按照复利计算，如果最初有 1 万元的投资，在持续 41 年获取21.5％的回报之后，拥有的财富总额将达到约 2935 万元。

二、基金具有专业理财的强大优势

有统计数据显示，在过去的十几年时间里，个人投资人赚钱的比例占有不到10％，而90％以上的散户投资都是亏损的。正是在这种背景下，基金的专业理财优势逐步得到市场的认可。将募集的资金以信托方式交给专业机构进行投资运作，既是证券投资基金的一个重要特点，也是它的一个重要功能。

基金是由专业机构运作的。在证券投资基金中，基金管理人是专门从事基金资金管理运作的组织。在基金管理人中，专业理财包括这样一些内容：证券市场中的各类证券信息由专业人员进行收集、分析和追踪，各种证券组合方案由专业人员进行研究、模拟和调整，投资风险及分散风险的措施由专业人员进行计算、测试、模拟和追踪，投资运作中需要的各种技术（包括操作软件）由专业人员管理、配置、开发和协调，基金资金调度和运用由专业人员管理和监控，市场操作由专业人员盯盘、下达指令和操盘。在这种专业管理运作中，证券投资的费用明显小于由各个投资人分别投资所形成的总费用。因此，在同等条件下，投资成本较低而投资收益较高。

三、基金具有组合投资与风险分散的优势

根据投资专家的经验，要在投资中做到起码的分散风险，通常要持有10只左右的股票。然而，中小投资人通常没有时间和财力去投资10只以上的股票。如果投资人把所有资金都投资于一家公司的股票，一旦这家公司破产，投资人便可能尽失其所有。而证券投资基金通过汇集众多中小投资人的小额资金，形成雄厚的资金实力，可以同时把投资人的资金分散投资于各种股票，使某些股票跌价造成的损失可以用其他股票涨价的赢利来弥补，分散了投资风险。

四、在生活质量的提升和财富的增长之间形成良性循环

在海外，往往越富裕的群体投资基金的比例越高，而且持有期限越长，甚至是一些商场高手或颇具投资手段的大企业领导人也持有大量的基金资产。在他们看来，自己并不是没有管理财富的能力，但相比之下，他们更愿意享受专业分工的好处，把财富交给基金公司这样的专业机构管理虽然要支付一定的费用，但却可以取得一定程度超越市场平均水平的回报。更重要的是，他们获得了更多的时间去享受生活，这种生活质量的提高又会提升他们本职工作的效率，增加自己的收入，最终在生活质量的提升和财富的增长之间形成了一种良性的循环。

相比之下，中国的富裕群体要辛苦得多。一些人首先是对类似基金的理财工具不信任，凡是涉及钱的事情都要亲自打理。不只是富裕群体如此，普通收入群体也是如此。

也许，真正到位的理财服务，不应该仅仅着眼于客户财富数量的增长，客户生活质量的全面提高可能才是真正的终极目标，而金融机构的价值也将在这一过程中得到更好的体现。

▲ 理财圣经

基金是一种以投资时间的长度换取低风险高收益的品种，是一种少劳而多得的投资品种。它能在获得财富、承受风险、投入时间之间取得很好的平衡，让投资人在享受物质财富增长的同时，拥有一份安心而悠闲的生活。

六招帮你找到最好的"基"

基金投资最重要的一项就是挑选到一只最会"下蛋"的"基"。可是，市场上有几十家基金公司，上百只基金产品，投资人如何从中选择呢？下面就给投资人提供一套行之有效的选"基"法。

一、通过基金投资目标选择基金

投资人在决定选择哪家基金公司进行投资时，首先要了解的就是该基金公司的投资目标。基金的投资目标各种各样，有的追求低风险长期收益；有的追求高风险高收益；有的追求兼顾资本增值和稳定收益。基金的投资目标不同决定了基金的类型，不同类型的基金在资产配置决策到资产品种选择和资产权重上面都有很大区别。因此，基金投资目标非常重要，它决定了一个基金公司的全部投资战略和策略。

二、从资产配置看基金的获利能力

资产配置就是将所要投资的资金在各大类资产中进行分配，是投资过程中最重要的环节之一，也是决定基金能否获利的关键因素。随着基金投资领域的不断扩大，从单一资产扩展到多资产类型，从国内市场扩展到国际市场，资产配置的重要作用和意义日益凸显出来。目前国际金融市场上，可投资的种类越来越多，传统的投资种类大概为股票、债券两类。现在随着衍生金融商品的产生，投资变得越来越丰富多彩，加上全球经济一体化的加强，投资领域从国内扩大到国际市场，全球经济市场为改善投资收益与管理风格提供了客观机会，但也带来了挑战。

资产配置是基金管理公司在进行投资时首先碰到的问题。投资人可以通过基金公司大体的资产配置，了解一下该基金管理公司投资于哪些种类的资产（如股票、债券、外汇等），基金投资于各人类的资金比例如何。基金管理公司在进行资产配置时一般分为以下几个步骤：将资产分成几大类；预测各大类资产的未来收益；根据投资人的偏好选择各大资产的组合；在每一大类中选择最优的单价资产组合。前三步属于资产配置。资产配置对于基金收益影响很大，有些基金90%以上的收益决定于其资产配置。

三、通过基金的投资组合来把握风险指数

一个基金公司的投资组合的成败关系到基金公司收益的大局问题，如果该公司的投资组合没有最大限度地分散风险，就会给投资人的收益带来重大影响。

投资组合理论认为，选择相关性小，甚至是负相关的证券进行组合投资，这样会降低整个组合的风险（波动性）。从实务角度而言，通过投资于不同的基金品种，可以实现整体的理财规划。例如，货币市场基金／债券基金流动性较高，收益低但较为稳定，可以作为现金替代品进行管理；股票型基金风险／收益程度较高，可以根据资产管理的周期和风险承受能力进行选择性投资，以保证组合的较高收益；而配置型基金则兼具灵活配置、股债兼得的特点，风险稍低，收益相对稳定。可以利用不同的基金品种进行组合，一方面分散风险，另一方面可以合理地进行资金管理。

四、通过基金经理来看基金的发展潜力

一个好的基金经理能给投资人带来滚滚红利，而一个能力不强的基金经理则会让投资人血本无归。如何考察基金经理的管理能力？我们可以作一些技术性、专业性的分析，这样有利于增强分析的准确性和专业度。可以通过证券选择和市场时机选择两个方面来评估。

证券选择能力是衡量一个基金经理的重要指标。我们从另一个方面，即将基金收益的来源与基金经理人能力联系起来考察，这种能力具体包括：基金证券选择能力评价和市场时机选择能力。

五、通过"业绩比较基准"看基金的投资回报水平

在证券投资基金领域要善于利用各种技术手段评估基金价值及成长性。

（1）业绩比较基准。基金的业绩比较基准，是近两三年才为部分投资人所了解的名词。对于很多人来说，接受业绩比较基准，从而接受基金业绩的相对表现，是一件挺困难的事。当你买的基金跌破面值，甚至滑落到 0.90 元以下的时候，基金报告里却偏说该基金"跑赢了比较基准，战胜了市场"，是不是让人感到酸溜溜的呢？

比较基准是用来评价投资组合回报的指标。如果你买的基金是以上证 A 股指数作为比较基准的话，投资运作一段时间后，将基金实际回报和上证 A 指的回报作比较，可以评估基金管理人的表现。如果基金发生了亏损，但是上证 A 指下跌得更厉害，基金经理就可以宣布自己做得比市场好；而如果基金赚了钱，但没有上证 A 指涨得多，基金经理反而要检讨自己的投资水平。

（2）相对的投资表现。总之，引入"比较基准"以后，基金的业绩就成为相对概念了。在上涨的市场中，基金经理的压力很大，因为他必须更为积极地选股，才能保证自己战胜基准；而在下跌的市场中，也许只要保守一点，就可以战胜市场了。在近两年的中国股票市场中，由于大盘下跌的趋势比较明显，基金控制好仓位，战胜市场并不十分困难，所以绝大部分基金都是战胜基准的。

不过，就长期投资而言，战胜基准其实并非易事，因此，海外市场很多投资人已经放弃主动投资，而转向被动投资了。被动投资的典范是指数基金。比较基准对于指数基金的意义是完全不同的。在指数基金那里，作为比较基准的指数就是基金跟踪的标的，实际投资组合要求完全复制指数的成分股，而投资管理的过程就是使跟踪误差最小化。

现在我国大多数主动投资的基金，往往以获得超越基准的收益率为其投资目标。比较基准的选择充分考虑基金的投资方向和投资风格。

六、通过基金评价来评估挑选基金

面对数百只开放型基金，许多投资人都感到很困惑，不知道如何挑选适合自己的基金。其实有一个很简单的途径，就是充分利用好独立的专业机构的基金评价体系，来帮助投资筛选。比如晨星的基金评级、证券时报基金评价系统，这些机构一般多采用科学的定量分析方法，以第三方的身份进行客观的评价，而且定期在各专业财经报纸、网站等媒体上予以发布。

这些专业的评价系统一般都包括基金分类、基金业绩评价、基金风险评定与评级三部分，投资人可据此予以筛选。

第一，利用分类判定基金的风险、收益水平。通过基金评价系统中的基金分类可以容易地找到符合自己投资目标与风险承受能力的基金。

第二，利用各期限的基金业绩排名与份额净值增长率来判断基金在同类型基金中的历史表现。评价系统一般都提供了不同时间段内基金的业绩增长情况，用以反映各基金短、中、长期的收益状况。投资人可以参照当时的市场状况，来分析基金的投资风格与应对市场变动的能力。

第三，基金的星级是一个反映基金投资管理水平的综合性指标。稳健的投资人可以把这个指标作为一个筛选器，尽量选取四星以上的基金，再结合其他的指标确定投资标的。当然，星级也仅是代表历史的表现状况，从动态的角度讲，投资人可以选取持续获得高星级的基金，或者星级连续上升的基金进行投资。

第四，风险控制水平也是衡量基金投资能力的一个重要指标。证券市场总是涨涨跌跌，不断波动，基金的风险等级反映了基金投资组合应对市场震荡的能力与资产的变现能力。从长期来看，风险的控制能力甚至是投资成败的关键因素。

▲ 理财圣经

投资者具备什么样的投资兴趣，有哪些投资上的偏好，对风险投资的认知程度如何，都会对选择基金品种产生影响。因此，投资者在选择基金产品前，不仅要进行短期和长期投资的收益评价，还要对购买基金成本的关注程度进行分析，从而利用合适的渠道，选择合适的基金产品，以合适的成本进行投资。

富贵险中求：

股市只让懂它的人赚钱

股票投资：收益与风险并存

随着我国经济的稳步发展，投资股票的人越来越多。股票投资已成为普通百姓的最佳投资渠道之一，特别是对于希望实现财富梦想的投资人来说更是如此。

股票作为一种高风险、高收益的投资项目，它具有以下特点：

（1）变现性强，可以随时转让，进行市场交易，换成现金，所以持有股票与持有现金几乎是一样的。

（2）投机性大。股票作为交易的对象，对股份公司意义重大。资金实力雄厚的企业或金融投资公司大量买进一个公司的流通股和非流通股，往往可以成为该公司的最大股东，将该公司置于自己的控制之中，使股票价格骤升。相反的情况则是，已持有某一公司大量股票的企业或金融投资公司大量抛售该公司的股票，使该股票价格暴跌。就这样，股票价格的涨跌为投资人提供了赢利机会。

（3）风险大。投资人一旦购买股票便不能退还本金，因而具有风险性。股票投资人能否获得预期报酬，直接取决于企业的赢利情况。一旦企业破产，投资人可能连本金都保不住。

股票有着让人变成富豪的魔力。可以说，现在的世界富翁，财富大部分都来自股票投资。而股神巴菲特，其财产几乎全部来自于投资股票获利。可见，投资股票真的是致富的绝佳途径。

股票投资同其他投资项目比起来有很多优势：

（1）股票作为金融性资产，是金融投资领域中获利性最高的投资品种之一。追求高额利润是投资的基本法则，没有高利润就谈不上资本扩张，获利性是投资最根本的性质。人们进行投资，最主要的目的是为了获利。获利越高，人们投资的积极性就越大；获利越少，人们投资的积极性就越小。如果某一种投资项目根本无利可图，人们即使让资金闲置，也不会将资金投入其中。当然这里所说的获利性是一种潜在的获利性，是一种对未来形势的估计。投资人是否真能获利，取决于投资人对投资市场和投资品种未来价格走势的预测水平和操作能力。

（2）同其他潜在获利能力很高的金融投资品种相比，股票是安全性较好而风险性相对较低的一种。人们通常认为，风险大，利润也大；风险小，利润也小。既然要追求高额利润，就不可能没有风险。其实，不仅仅是股票有风险，其他任何投资都有风险，只是风险大小不同而已。

从近十年来的经验教训看，股民亏损的很多，但赚钱的也不少，一部分中小股民的亏损将另一部分中小股民推上了百万、千万甚至亿万富翁的宝座，亏损者的损失可谓小矣，而获利者的收获就堪称巨大了。

（3）股票投资的可操作性极强。一般说来，金融性投资的可操作性要高于实物性投资的可操作性。可操作性强与不强，其一体现在投资手续是否简便易行，其二体现为时间要求高不高，其三是对投资本钱大小的限制。金融性投资的操作方法和手续十分简便，对投资人的时间和资金要求也不高，适合大多数的投资人。在金融性投资中，股市（包括在证交所上市交易的股票、投资基金、国债和企业债券）的可操作性最强，不仅手续简便，而且时间要求不高，专职投资人可以一直守在证券交易营业部，非专职股民则比较灵活，一个电话即可了解股市行情，进行买进卖出，有条件的投资人还可以直接在家里或在办公室的网上获知行情。而且投资于股票几乎没有本钱的限制，有几千元就可以进入股市。在时间上完全由投资人自己说了算，投资人可以一直持有自己看好的股票，不管持有多长时间都可以，炒股经验一旦学到手便可以终生受益。此外，国家通过行政手段不断规范股市各种规章制度，注意保护广大中小投资人的利益，从政策上也保障了投资人的财产安全。

◢ **理财圣经**

当你进入股票市场时，就等于走进了一个充满各种机会与陷阱的冒险家乐园，其中大风险与大机遇同在。

开设账户的具体流程

开户，一般包括开立两个账户，一个是证券账户，另一个是资金账户。这好比投资人手中有两个篮子：一个篮子装股票，即证券账户，也称为股东卡，记录投资人持有的证券（包括股票、债券、基金）种类及数量；一个篮子装钱，即资金账户，也称为保证金账户，用于存放投资人卖出股票所得的款项以及买入股票所需的资金。在投资人进行股票买卖时，买进股票记入证券账户，并从资金账户中扣除资金；卖出股票时则相反。

一、证券账户的开立

开立证券账户，就目前国内 A 股市场而言，可分为沪市证券账户和深市证券账户。

（1）办理沪市证券账户。个人投资人须本人持身份证到上海中央登记结算公司或其代理点或可以办理开户手续的证券营业部，按要求填写开户申请表，提供完备的开户基本资料，并缴纳开户费40 元。机构投资人办理沪市证券账户须提供完备的开户基本资料（一般包括法人证明文件《营业执照》及其复印件，法人代表证明书，办理人授权委托书及法人代表、代理人的身份证原件，开户费为 400 元），到上海证券中央登记结算公司各地的中心代理点办理。除了我国有关法律法规规定的禁止买卖证券的个人和法人（如证券从业人员、上市公司的高级管理人员，等等）外，凡年满18周岁的公民均可办理证券账户。

（2）办理深市证券账户。个人投资人须持本人身份证到当地的深圳证券登记机构办理，有些可以代开深市账户的证券营业部也可以办理。机构投资人须到深圳证券登记机构当地的代理处办理开户手续。个人投资人及机构投资人所提供的资料、办理手续与开立沪市证券账户时类似。

二、资金账户的开立

（1）资金账户的办理。个人投资人须提供本人身份证、沪市和深市证券账户，到证券营业部亲自办理，并同证券营业部签订委托代理协议，对于协议内容，客户一定要仔细看清楚，谨防其中有"陷阱"。若需他人代为交易，须双方一同到证券营业部，三方共同签订有关代理协议，并明确代理权限（如全权代理，只限于股票买卖，不包括资金存取），以免将来产生纠纷。

这里要提醒投资人的是，开立资金账户也是一个选择证券营业部的过程，就近、设施（如委托电话门数）、服务种类等都应成为选择证券营业部的参考指标。

（2）办理指定交易。对于想投资沪市股票的投资人来说，由于沪市现已全面实行指定交易，因此，投资人须持本人相关证件及沪市证券账户，到证券营业部签订指定代理协议书，才可进行沪市股票交易。

（3）电话委托和自助委托的办理。在与证券营业部签订委托代理协议书时，投资人可以同时选择开通电话委托、自助委托方式，这样，投资人就可以不通过柜台报单工作人员而自行买卖股票了。

（4）银证转账业务的办理。目前，证券营业部资金柜台前排长队存取款的现象依然存在。许多证券营业部与银行间联手开通了银证转账业务，使得客户的保证金账户与客户在银行的活期储蓄账户相联通，客户通过电话下指令，就能实现自己保证金账户与银行储蓄账户间资金的划拨。此业务也充分利用了银行营业网点多的优势，缓解了证券营业部排长队的现象。在开通银证转账业务的证券营业部里，客户可以自愿选择该项业务。

资金账户在投资人准备委托的证券商（公司）处开立，因为投资人只有通过他们才可以从事股票买卖。办理时，投资人须携带资金、身份证（或户口簿）及上述股票账户卡。开户资金及保证金多少，因证券公司的要求不同而各异。填写包括"证券买卖代理协议"和"开立委托买卖资金账户开户书"表格。如果要开立上海证券资金户必须填写"指定交易协议书"，如果要求有代理人则必须代理人与本人带身份证、股东卡一同前往证券营业部办理。资金账户里的资金按人民银行规定的活期存款利率计息。

◢ **理财圣经**

要想练好基本功，使投资风险最小化，还需要了解怎样开设账户，这是进入证券市场的第一道门槛。

选股应遵循"八大科学依据"

市场上有很多种股票，面对各种股票，任何一个投资人即使有雄厚的资金，也不可能同时购买市场上的所有股票。如何选择风险小、收益大的股票进行投资，实在是一件难事。对于资金数量不多的小额投资人而言，在眼花缭乱的大量股票中选择好投资对象，就更为不易。正因为如此，便有"选股如选美"的感叹。但是，选股并非毫无策略可言，应遵循如下八大科学依据：

一、根据公司业绩选股

公司业绩是股票价格变动的根本力量。公司业绩优良，其股票价格必将稳步持续上升，反之则会下降。因此，长线投资人应主要考虑公司业绩进行选股。衡量公司业绩的最主要指标是每股赢利及其增长率。根据我国公司的现状，一般认为每股税后赢利 0.8 元以上且年增长率在 25% 以上者，具有长期投资价值。

二、根据经济周期选股

不同行业的公司股票在经济周期的不同阶段，其市场表现大不一样。有的公司对经济周期变动的影响极为敏感，经济繁荣时，公司业务发展很快，赢利也极为丰厚，反之，经济衰退时，其业绩也明显下降；另一类公司受经济繁荣或衰退的影响则不大，繁荣时期，其赢利不会大幅上升，衰退时期亦无明显减少，甚至还可能更好。因此，在经济繁荣时期，投资人最好选择前一类股票；而在经济不景气或衰退时，最好选择后一类股票。

三、根据每股净资产值选股

每股净资产值即股票的"含金量"，它是股票的内在价值，是公司即期资产中真正属于股东的且有实物或现金形式存在的权益，它是股票价格变动的内在支配力量。通常情况下，每股净资产值必须高于每股票面值，但通常低于股票市价，因为市价总是包含了投资人的预期。在市价一定的情况下，每股净资产值越高的股票越具有投资价值。因此，投资人应选择每股净资产值高的股票进行投资。如果市价低于每股净资产值，其投资价值极高。当然，净资产值低而市价也低的股票，也可适当选择，但无论如何最好不要选择净资产值低于股票面值的股票。

四、根据股票市盈率选股

市盈率是一个综合性指标，长线投资人可以从中看出股票投资的翻本期，短线投资人则可从中观察到股票价格的高低。一般地说，应选择市盈率较低的股票。但市盈率长期偏低的股票未必值得选择，因为它可能是不活跃、不被大多数投资人看好的股票，而市场永远是由大众行为决定的，因此，其价格也很难攀升。至于市盈率究竟在何种水平的股票值得选择，并无绝对标准。从我国目前经济发展和企业成长状况来看，市盈率在 20 左右不算高。

五、根据股票的市场表现选股

股票的净资产是股票市场表现的基础，但两者并非完全对应，即净资产值高的股票，其市价不一定都有良好的表现，相同或相近净资产值的股票，其市价可能有较大差异。因此，对短线投资人而言，市场价格如何变动，即其波动幅度大不大，上升空间广不广，亦是选股的重要依据。一般地说，短线操作者最好选择那些短期内有较大上升空间或市价波动幅度大的股票，这些股票提供的短期获利机会较大。

六、根据个人情况选股

大多数投资人常对某些股票有所偏好，这可能是因为对这类股票的公司业务较熟悉，或是对这类股票的个性较易驾驭，或是操作起来得心应手，等等。根据个人情况选股时，要全面考虑自己的资金、风险、心理、时间、知识等方面的承受能力。比如有的股票经常大起大落，变动无常，在上述方面承受能力不强的投资人就不宜选择。

七、根据股价涨幅超前与否选股

通常同一行业中最好的两三只股票会有强劲的走势，而其他的股票则步履维艰。前者被称为"领导股"，后者便是所谓的"同情股"。"领导股"也是涨幅超前股，是投资人应选择的对象。如何发现这些"领导股"呢？一个简易的方法是股票相对价格强度测定法。所谓"相对价格强度"，是指某种股票在一定时期内涨价幅度与同期的股价指数或其他股票的涨幅度的比值。通常认为，相对价格强度在 80 以上的股票极具选择价值。

八、根据多头市场的四段行情选股

多头市场的行情走势通常可分为四段行情。

第一段行情为股价急升行情，整个市场的升幅极大，通常占整个多头行情的 50%。在这段行情内，大多数股票从空头市场过度压抑的水准下反弹时，几乎所有的股票都会上涨。在这期间可以试进高风险股票。当空头市场转向，公司破产的威胁减少，这类股票会恢复到较正常的水准，其升幅将有优良的表现。

第二段行情也是相当有利的，股价指数的升幅超出整个多头行情的 25%。通常，在这段行情中，成长股开始有好的表现。投资人普遍看出经济发展的未来美景，并且寻找参与成长的方式。在这种投资气候里，成长股会更快地升高价位，此时的绩优成长股走势也相当好，其可能涨幅比股价指数还要高。因此，在这一段行情内，最好选择成长股的绩优股。

第三段行情的涨幅显著较小，一般少于整个多头行情的 25%，而且只有极有限的股票继续上升。对这段行情的可能策略是，慢慢卖出次等成长股，转移部分资金用于具有在多头市场里维持价位能力的绩优成长股，以及购进那些能在未来经济困境中特别获益的顺应大势的股票。总之，此段行情内必须开始对空头市场做准备。

第四段行情是多头市场即将完结的行情，此时该涨的股票都已涨得差不多，只有绩优成长股以及可在经济困境中获利的少数股票，才可能继续上升。因此，这段行情的选股是最困难的，通常这时应是准备撤离市场的时候。但空头市场究竟何时来临很难确定，故此时全部清盘未必明智，最佳的保障办法是维持某些绩优成长股，而不要空仓。

◢ 理财圣经

股票市场投资，选择恰当的股票，其重要程度并不亚于时机的选择，在某种意义上，选股比选时甚至更为重要。为了提高选股的科学性、成功率，在选股时务必遵循"八大科学依据"。

股票的几种投资策略

无数实践证明，炒股票光凭运气可能短期获利，但难以长期获利。面对险象环生的股市，投资者不仅要有勇气、耐心和基本知识，而且要有投资的技巧和策略。以下就介绍几种股票投资的策略，希望对你的股票交易有所帮助。

一、顺势投资

顺势投资是灵活的跟"风"、反"零股交易"的投资股票技巧，即当股市走势良好时，宜做多头交易，反之做空头交易。但顺势投资需要注意的一点是：时刻注意股价上升或下降是否已达顶峰或低谷，如果确信真的已达此点，那么做法就应与"顺势"的做法相反，这样投资人便可以出其不意而获先见之"利"。投资人在采用顺势投资法时应注意两点：1. 是否真涨或真跌；2. 是否已到转折点。

二、"拔档子"

采用"拔档子"投资方式是多头降低成本、保存实力的操作方法之一。也就是投资人在股价上涨时先卖出自己持有的股票，等价位有所下降后再补回来的一种投机技巧。"拔档子"的好处在于可以在短时间内挣得差价，能够使投资人的资金实现一个小小的积累。

"拔档子"的目的有两个：一是行情看涨卖出、回落后补进；二是行情看跌卖出、再跌后买进。前者是多头推进股价上升时转为空头，希望股价下降再做多头；后者是被套的多头或败阵的多头趁股价尚未太低抛出，待再降后买回。

三、保本投资

保本投资主要用于经济下滑、通货膨胀、行情不明时。保本即投资人不想亏掉最后可获得的利益。这个"本"比投资人的预期报酬要低得多，但最重要的是没有"伤"到最根本的资金。

四、摊平投资与上档加码

摊平投资就是投资人买进某只股票后发现该股票在持续下跌，那么，在降到一定程度后再买进一批，这样总平均买价就比第一次购买时的买价低。上档加码指在买进股票后，股价上升了，可再加码买进一些，以使股数增加，从而增加利润。

上档加码与摊平投资的一个共同特点是：不把资金一次投入，而是将资金分批投入，稳扎稳打。

摊平投资一般有以下两种方法：

（1）逐次平均买进摊平。即投资人将资金平均分为几份，一般至少是三份，第一次买进股票只用总资金的1/3。若行情上涨，投资人可以获利；若行情下跌了，第二次再买，仍是只用资金的1/3，如果行情升到第一次的水平，便可获利。若第二次买后仍下跌，第三次再买，用去最后的1/3资金。一般说来，第三次买进后股价很可能要升起来，因而投资人应耐心等待股价回升。

（2）加倍买进摊平。即投资人第一次买进后行情下降，则第二次加倍买进，若第二次买进后行情仍旧下跌，则第三次再加倍买进。因为股价不可能总是下跌，所以加倍再买一次到两次后，通常情况下股票价格会上升的，这样投资人即可获得收益。

五、"反气势"投资

在股市中，首先应确认大势环境无特别事件影响时，可采用"反气势"的操作法，即当人气正旺、舆论一致看好时果断出售；反之果断买进，且越涨越卖，越跌越买。

"反气势"方法在运用时必须结合基本条件。例如，当股市长期低迷、刚开始放量高涨时，你只能追涨；而长期高涨，则开始放量下跌时，你只能杀跌。否则，运用"反气势"不仅不赢利，反而会增加亏损。

▲ 理财圣经

炒股需要智慧，但更需要技巧和策略。好的炒股策略会让你的资产取得更可观的利润。

保险是人生的防护墙：
小成本 PK 大损失

选择优秀保险公司的标准

徐先生是一家外资公司的业务人员。由于工作需要，公司为他投保了一个 3 万元的团体意外险，但徐先生觉得保障力度太小，想再为自己投保一份商业保险，以获得更充足的保障。但是，他不知道该买哪个公司的保险，为此咨询了很多人，但他还是拿不定主意。

这事被他的亲戚和朋友们知道了。他的表妹在中国平安保险公司工作，立刻为他推荐平安的意外险，而他有个朋友在信诚保险公司工作，又为他推荐信诚的险种。目前，市面上还有中国与国外合资的保险公司，徐先生觉得国外的保险公司可能服务更周到、更全面些。这就让徐先生为难了，他到底该买什么公司的保险？

买多少？什么样的公司信誉度和服务更好？能为他提供更周全的保障？

徐先生毫无头绪，每个公司都有着各自的优点和缺点，比较不出来哪个更好些，而网上对这几个公司的保险的评价都是褒贬不一。保险肯定是要买的，可是要买哪一个？

最后徐先生觉得还是大一点的保险公司更靠谱，就买了中国平安的保险。可是，徐先生仍然觉得当初做决定真是个很麻烦的问题。

徐先生遇到的问题，同样也是每个想买保险的人都会遇到的。

随着我国金融业的发展，各种保险公司如雨后春笋般现身市场，其中既有国有保险公司，又有股份制保险公司和外资保险公司，使得投资人有了很大的选择余地，但同时也面临着更多的困惑，应该怎样选择保险公司呢？投资人不妨从以下几方面来衡量：

一、公司实力放第一

建立的时间相对较久的保险公司，相对来说规模大、资金雄厚，从而信誉度高、员工的素质高、能力强，他们对于投保人来说更值得选择。我国国内的保险业由于发展时间比较短，因此主要参考标准则为公司的资产总值，公司的总保费收入、营业网络、保单数量、员工人数和过去的业绩，等等。消费者在选择保险公司的时候不应该只考虑保费高低的问题，购买保险除了看价格，业务能力也很重要。较大的保险公司在理赔方面的业务较成熟，能为及时为你提供服务，尽管保费较高，但是能够保证第一时间理赔，仅这一点，就值得你选择。

二、公司的大与小

作为一种金融服务产品，很多投保人在投保时，在选择大公司还是小公司上犹豫不决。其实，在这一点上要着重看保险公司的服务水平和质量。一般说来，规模大的保险公司理赔标准一般都比较高，理赔速度也快，但缺点是大公司的保费要比小公司的保费高一些；相比之下，小的保险公司在这方面就有所不足，但保费会比较低，具有价格上的竞争优势。

三、产品种类要考验

选择合适的产品种类，就是为自己选择了合适的保障。每家保险公司都有众多产品，想要靠自己的能力淘出好的来，并不容易。找到好的保险公司就不同了。因为，一家好的保险公司能为你提供的保险产品都比较完善，可以从中选择应用广泛的成品，亦可省了不少烦恼。而一家好的保险公司一般应具备这样几个条件：种类齐全；产品灵活性高，可为投保人提供更大的便利条件；产品竞争力强。

四、核对自己的需要

保险公司合不合适最终都要落实到自己身上，你的需要是什么？该公司提供的服务是否符合你的要求？你觉得哪家公司提供的服务更完善？精心地和自己的情况进行核对、比较，这才是你做决策时最重要的问题。

◢ 理财圣经

选择什么样的保险公司就决定了投资人将享受什么样的服务和险种。众多保险公司面前，任谁都难以抉择，但参考三大标准是必不可少的程序。

如何购买少儿险

父母们也许会问：市面上有哪一些保险品种可以给自己的孩子购买呢？多大的孩子可以购买保险呢？怎样买更加划算呢？

父母对孩子最关心的事，不外乎就是如何确保孩子平安健康地成长以及接受到良好的教育，而教育开支和疾病、意外等产生的费用都不菲。如果觉得有必要将这些费用细水长流地逐年分摊，而且在出现万一时对孩子的爱得以延续，父母们不妨考虑一下少儿保险。

目前市面上少儿险基本上可以分为三类：少儿意外伤害险、少儿健康医疗险及少儿教育储蓄险，这也是根据孩子面临的三大风险来定的。这些产品的共同特征就是在孩子成长阶段，就开始给他们提供健康及教育储蓄保障。

家长们可以根据不同的情况选择不同的险种：

一、不同险种解决不同问题

据保险专家介绍，对于少儿险来说，不同的险种是为了解决不同的问题，家长为孩子购买保险，关键要看家长最关心的是什么。

第一类：防止意外伤害。孩子在婴幼儿阶段自我保护意识比较差，基本完全依赖于爸爸妈妈的照顾和保护；孩子在上小学、中学阶段，要负担照顾自己的责任，但作为弱小群体，为了避免车祸等意外，父母可以酌情为孩子购买这类险种，一旦孩子发生意外后，可以得到一定的经济赔偿。

第二类：孩子的健康。调查显示父母对孩子的健康格外关注。目前，重大疾病有年轻化、低龄化的趋向，重大疾病的高额医疗费用已经成为一些家庭的沉重负担。如果条件允许，父母最好为孩子买一份终身型的重大疾病险，而且重大疾病险岁数越小保费越便宜。

第三类：孩子的教育储蓄。据介绍，它解决的问题主要是孩子未来上大学或者出国留学的学费问题。越来越高的教育支出，不可预测的未来，都给父母一份责任，提前为孩子作一个财务规划和安排显得非常必要。一旦父母发生意外，如果购买了"可豁免保费"的保险产品，孩子不仅免缴保费，还可获得一份生活费。

二、不同险种搭配更加实惠

对于一些家长来说，有的家长既关心孩子未来的教育，同时又关注孩子的健康，希望孩子拥有重大疾病和意外等保障，保险公司也了解到各家长的需求，从而开发出一些保险产品，适合不同需求的人士购买。

需要注意的是，一般家庭的总体保险开销占家庭收入的10%比较合理，特别是在家庭的上升期，儿童保险不宜占过多的比例，否则常年支付家庭压力相对较大，当然高收入的家庭可以重点加强教育金的部分。

◢ 理财圣经

孩子的安全、健康和教育是家长们最为关注的问题。为了更好地促进孩子的成长，家长们为孩子购买保险已成为一种非常有必要的事情。

如何购买健康险

健康是人类最大的财富。疾病带给人们的除了心理、生理的压力外，还会面临越来越沉重的经济负担。有调查显示，77%的投资者对健康险有需求，但是健康险包括哪些险种，又应该如何购买，不少投资者对此懵懵懂懂。

以下是保险专家为你如何购买健康险提出一些建议：

一、有社保宜买补贴型保险

刘先生买了某保险公司两万元的商业医疗保险。他住院花费了 12000 余元，按照保险条款，他应得到保险公司近 9000 元赔付。但由于他从社会基本医疗保险中报销 7000 余元药费，保险公司最后赔付他实际费用与报销费用的差额部分 5100 元。这让刘先生很不理解。

专家解答：商业健康险主要包括重疾险和医疗险两大类，重疾险是疾病确诊符合重疾险理赔条件后就给予理赔的保险，不管投保人是否医治都会给予理赔；而医疗险是对医治过程中发生费用问题给予的补偿。如果没有医治并发生费用，医疗险也无法理赔。

医疗险又分为分成费用型住院医疗险与补贴型住院医疗险。刘先生购买的是费用型保险。

所谓费用型保险，是指保险公司根据合同中规定的比例，按照投保人在医疗中的所有费用单据上的总额来进行赔付，如果在社会基本医疗保险报销，保险公司就只能按照保险补偿原则，补足所耗费用的差额；反过来也是一样，如果在保险公司报销后，社保也只能补足费用差额。

补贴型保险，又称定额给付型保险，与实际医疗费用无关，理赔时无须提供发票，保险公司按照合同规定的补贴标准，对投保人进行赔付。无论他在治疗时花多少钱，得了什么病，赔付标准不变。

专家表示，对于没有社保的市民而言，投保费用型住院医疗险更划算，这是因为费用型住院医疗险所补偿的是社保报销后的其他费用，保险公司再按照 80％进行补偿。而没有社保的人则按照全部医疗花费的 80％进行理赔，商业保险补偿的范围覆盖社保那一部分，理赔就会较多。反之，对于拥有社保的市民而言，不妨投保津贴型住院医疗险。

二、保证续保莫忽视

江女士已步入不惑之年，生活稳定，工作也渐入佳境，两年前为自己投保了缴费20年期的人寿保险，并附加了个人住院医疗保险。今年年初，江女士身体不适，去医院检查发现患有再生障碍性贫血。经过几个月的治疗，病情得到了控制，医疗费用也及时得到了保险公司的理赔。

不料，几天前，江女士忽然接到保险公司通知，称根据其目前的健康状况，将不能再续保附加医疗险。她非常不解，认为买保险就是图个长远保障，为什么赔了一次就不能再续保了呢？

专家解答：虽然江女士投保的主险是长期产品，但附加的医疗险属于1年期短期险种，在合同中有这样的条款："本附加保险合同的保险期间为1年，自本公司收取保险费后的次日零时起至约定的终止日24时止。对附加短险，公司有权不接受续保。保险期届满，本公司不接受续约时，本附加合同效力终止。"

目前，不少保险公司根据市场需求陆续推出了保证续保的医疗保险。有些险种规定，在几年内缴纳有限的保费之后，即可获得终身住院医疗补贴保障，从而较好地解决了传统型附加医疗险必须每年投保一次的问题。对于被保险人来说，有无"保证续保权"至关重要。所以，您在投保时一定要详细了解保单条款，选择能够保证续保的险种。

三、根据不同年龄选择不同健康保险

购买健康险也应根据年龄阶段有针对性地购买。专家建议：学生时期，学生好动性大，患病概率较大。所以，选择参加学生平安保险和学生疾病住院医疗保险是一种很好的保障办法。学生平安保险每人每年只需花几十元钱，可得到几万元的疾病住院医疗保障和几千元的意外伤害医疗保障。

单身一族也该购买健康保险。刚走向社会的年轻人，身体面临的风险主要来自于意外伤害，加上工作时间不长，受经济能力的限制，在医疗保险的组合上可以意外伤害医疗保险为主，配上一份重大疾病保险。

结婚成家后的时期，人过 30 岁就要开始防衰老，可以重点买一份住院医疗保险，应付一般性住院医疗费用的支出。进入这个时期的人具备了一定的经济基础，同时对家庭又多了一份责任感，不妨多选择一份保障额度与经济能力相适合的重大疾病保险，避免因患大病使家庭在经济上陷入困境。

四、期缴更合适

健康保险也是一种理财方式，即可以一次全部付清（即趸缴），也可以分期付（即期缴）。但是跟买房子不一样，保险是对承诺的兑现，付出越少越好。所以一次性缴费就不太理性，理性的做法是要争取最长年限的缴费方式。这样每年缴费的金额比较少，不会影响正常生活支出，而且在保险合同开始生效的最初年份里保险保障的价值最大。

◢ 理财圣经

一旦健康出现危机，我们有可能会面临经济危机。为了防范这种经济危机，有必要购买合适的健康险。

你不得不规避的五大保险误区

虽然说不同的人生阶段，需要用不同的保险产品来安排保障，但在人们的观念中往往会出现一些误区，其中既有在整个过程中的观念错误，也有不同阶段消费中特别容易犯的错误。

一、寿险规划只能增加不能减少

有人以为，既然是阶梯式消费，就应该是爬坡式向上，保险产品只能越选越多，保额也应该逐渐累加，其实不然。随着人生阶段的不断向前，总体而言保险是越买越多了，但具体到每一个险种上并非完全如此。

寿险规划的改变，并不只是意味着保单数量的增加。由于家庭责任、经济收入变化，每一时期需要的保障重点已经在前文中有所阐述。

从中不难发现，年轻时意外险是必需的，而且额度很高，但到了年老后意外险变得不再很重要。寿险额度则是单身期较少，到家庭成长期和成熟期因家庭负担较重而变得很高，但到了老年再次降低。医疗类产品的变化也不是直线上升的，因为不同时期对具体的健康医疗类产品需求很不一样。年轻时需要的意外医疗保险，到了40岁以后可能更多考虑终身健康保险和终身医疗补贴。

到底是增是减，关键还是看需要。

二、年轻人买不买保险无所谓

在单身期，也就是保险的"初级消费阶段"，年轻人总是对保险抱着无谓的态度。

（1）意外太偶然，轮不到我。

不少年轻人存有一种侥幸心理："世界这么大，哪有那么多的意外发生，即使有意外发生也不一定轮到自己。"但意外是突如其来的客观事故，它不是以个人的意志为转移的，它什么时候光顾、光顾到谁头上，谁也说不准。也正是因为意外事故发生的概率及其所具有的不确定性，年轻的时候才更应购买意外伤害保险。保险是分摊意外事故损失的一种财务安排，它具有"一人为众、众为一人"的互助特性，尽管意外事故发生给人们带来的是各种各样的灾难，但如果投保了一定保额的意外险，这份保障至少可以使受难者及家属在经济上得到相当的援助，在精神上给予一定程度的安慰。

（2）年轻人没必要买健康医疗保险。

有的年轻人倒是愿意买意外险，但对买健康保险非常排斥，总觉得："我这么年轻能得什么大病？小病自己应付应付就过去了。"

但实际上，在单身期不提倡年轻人买健康保险，并不是因为年轻人不适合买这个产品而是考虑到经济因素。如果有预算，年轻人趁着年轻、费率低买一份消费型的健康保险其实是对自己很好的保障。如果预算充分，先买好一部分的终身医疗也不为过，最多以后再加保。

而且，年轻人在买意外险时一定要附加意外医疗，因为年轻人精力旺盛，户外活动多，很容易弄点小意外伤害，而且年轻人社保中对门急诊的保障程度又低，商业保险能对此作补充。

（3）买保险不如做投资挣钱。

年轻人基本没有家庭负担，承受风险的能力较强，因此可以采用一些比较大胆的投资方式。但是这并不意味着年轻人要因此排斥一切保险。

年轻人可以不用购买储蓄性质的保险，但高保障型的产品必须稍作计划，只要每年缴纳的保费是在合理的收入比例范围内，它对你的整体投资计划是不会有什么影响的，相反它还能为风险投资保驾护航。

三、家庭成长期间不爱惜自己

家庭成长期，财富的积累还起步不久，却又有了家庭和孩子的负累。新买住房要还月供，大宗家居用品尚需添置，到处都是需要用钱去"堵枪眼"的地方。此时此刻，夫妻双方可能在保险上有些"气短"，不愿意给自己买保险增加支出。

（1）我经济负担比较重，没有闲钱买保险。

但对于有家庭负担的人而言，保险不是奢侈品，而更像是必需品。没有对自己意外伤害、重大疾病和收入能力的保障，就根本不可能保护好自己的家庭。宁可在别的地方省出一点来，也要安排好保障。

但是，经济成本毕竟是需要考虑的，所以处在家庭成长期，预算比较拮据的家庭可以选择一些没有现金价值的产品，并根据您的实际投保需要，保费就会比较便宜。

（2）孩子重要，买保险先给孩子买。

"买保险，先要给孩子买"的说法并不科学，其实买保险应该让家庭支柱优先。关于这样的认识误区，本书已多次阐述，前文中也有所涉及，在此不再赘述。

四、家庭成熟期后走向两个极端

到了家庭成熟期，以下两个保险消费的误区比较明显。

（1）有钱可以替代保险。

到了家庭成熟期，家庭财富已经积累到最高点，认为自己有能力应付生活中可能发生的一些财务困难，尤其对于从未有理赔经历的"有钱人"而言，可能会产生"保险无用论"的想法。

但是，积累财富不容易，为什么要把所有的重任都往自己肩上扛呢？比如一次重病需要 100000 元，虽然你的财力负担没有问题。但是，如果买了保险，很可能只用 10000 元就能解决问题，为什么不留住你的 90000 元呢？

相比于针对大多数人的"保障作用"，对于有钱的人，保险的主要作用是保全其已拥有的财产。

（2）保险买得越多越好。

特别看重家庭的人，在家庭成熟期可能还会走向另一个极端，就是特别喜欢买保险，认为"保险买得越多越好"。

购买越多的保险，同时也就意味着将要缴纳越来越多的保费。一旦自己的收入减少，难以缴纳高额保费的时候，将面临进退两难的尴尬境地。理性的行为应当是，根据自己的年龄、职业、收入等实际情况，力所能及地适当购买保险。投保的费用最好是自己收入的 10% 左右为宜。

而且，类似医疗费用保险等产品由于采用了保险的补偿原则，需要有报销的凭证，因此即使你买了多份，也不能超出自己支出的范围来报销，等于是浪费了保费。

五、跟风买保险

跟风买保险，是各个阶段的人们都易犯的毛病。

市场上流行万能险，几乎所有的公司都推出了形态各异的万能险，广告宣传得很厉害。但保险不是时装，不是一个"买流行"的消费领域，千万不要跟风买保险。

第一步先要了解自己有没有这方面保险的需求，进而才去考虑要不要买这类保险。并不是适合别人的产品，就肯定适合自己。万能险对家庭闲置资金的要求较高，而且最好是未来有持续稳定资金可以继续投向万能账户，对于资金有限的个人和家庭而言，万能产品并不适合，不如花小钱去买保障性更高的产品。

以前分红产品、投连产品"出道"时，都出现过"追捧"的热潮，仿佛一夜之间全民都在购买分红险和投连险。但后来的事实证明，大多数人都做了不正确的选择，"跟风"使得很多人遭受了经济上的损失。所以，保险消费一定要按需稳扎稳打，要把它当作家庭的"大宗耐用消费品"精心选择，切忌盲目跟风。

◢ 理财圣经

当买保险成为人们常规的资产保值增值手段后，不少投资人却无意间陷入了保险误区，使自己的理财效果大打折扣。因此，以上五大保险误区应注意规避。

第
四
章 | "金"家多媚颜：
黄金理财，"钱"程无忧

黄金投资的品种

黄金藏品虽然样式繁多，但是归根结底只有五大类即金块、金条、金币、金饰品和纸黄金。其中，纸黄金实际上是由银行办理的一种账面上的虚拟黄金。接下来，就让我们按照顺序介绍一下黄金投资中的各个成员。

一、实物金

实物黄金买卖包括金条、金币和金饰品等交易，以持有黄金作为投资。一般的金饰品买入及卖出价的差额较大，视作投资并不适宜，金条及金币由于不涉及其他成本，是实金投资的最佳选择。

实物黄金投资额较高，实质回报率虽与其他方法相同，但涉及的金额一定会较低——因为投资的资金不会发挥杠杆效应，而且只可以在金价上升之时才可以获利。需要注意的是持有黄金并不会产生利息收益。如不提取实金，银行可代为托管，但是购买和回购成本较高，还有一些银行则不能回购。专业的黄金投资公司回购比较方便，但一般只受理该公司出售的黄金回购业务。因此投资实物黄金还有个缺点是需要支付储藏和回购费用。

二、纸黄金

"纸黄金"交易没有实金介入，是一种由银行提供的服务，以贵金属为单位的户口，投资人无须透过实物的买卖及交收而采用记账方式来投资黄金，由于不涉及实金的交收，交易成本可以更低；值得留意的是，虽然它可以等同持有黄金，但是户口内的"黄金"一般不可以换回实物，如想提取实物，只有补足足额资金后，才能换取。"中华纸金"是采用 3% 保证金、双向式的交易品种，是直接投资于黄金的工具中较为稳健的一种。

三、黄金保证金

黄金保证金交易是指在黄金买卖业务中，市场参与者不需对所交易的黄金进行全额资金划拨，只需按照黄金交易总额支付一定比例的价款，作为黄金实物交收时的履约保证。目前的世界黄金交易中，既有黄金期货保证金交易，也有黄金现货保证金交易。

四、黄金期货

一般而言，黄金期货的购买、销售者，都在合同到期日前出售和购回与先前合同相同数量的合约，也就是平仓，无须真正交割实金。每笔交易所得利润或亏损，等于两笔相反方向合约买卖差额。这种买卖方式，才是人们通常所称的"炒金"。黄金期货合约交易只需 10% 左右交易额的定金作为投资成本，具有较大的杠杆性，少量资金推动大额交易。所以，黄金期货买卖又称"定金交易"。

五、黄金期权

期权是买卖双方在未来约定的价位，具有购买一定数量标的的权利而非义务。如果价格走势对期权买卖者有利，会行使其权利而获利。如果价格走势对其不利，则放弃购买的权利，损失只有当时购买期权时的费用。由于黄金期权买卖投资战术比较多并且复杂，不易掌握，目前世界上黄金期权市场不太多。

六、黄金股票

所谓黄金股票，就是金矿公司向社会公开发行的上市或不上市的股票，所以又可以称为金矿公司股票。由于买卖黄金股票不仅是投资金矿公司，而且还间接投资黄金，因此这种投资行为比单纯的黄金买卖或股票买卖更为复杂。投资人不仅要关注金矿公司的经营状况，还要对黄金市场价格走势进行分析。

七、黄金基金

黄金基金是黄金投资共同基金的简称，所谓黄金投资共同基金，就是由基金发起人组织成立，由投资人出资认购，基金管理公司负责具体的投资操作，专门以黄金或黄金类衍生交易品种作为投资媒体的一种共同基金。由专家组成的投资委员会管理。黄金基金的投资风险较小，收益比较稳定，与我们熟知的证券投资基金有相同特点。

◢ 理财圣经

"金"家姐妹，各有所长，理财者定要在挑选投资目标时仔细辨别。

黄金投资应遵循的四大原则

当黄金成为家庭理财中的重要工具时，作为一名理性的投资人，你还要注意投资黄金的一些原则，具体如下：

一、合理的投资组合和比例

通常情况下，黄金价格比较稳定，投资组合中若能加入适当比例的黄金，可以较大程度地分散风险，抵御资产大幅缩水。而且投资黄金与投资其他资产并不冲突，相反能够相互配合。若只是投资黄金，也有不可避免的风险。所以采取组合操作便是利用黄金价值的相对稳定性及其在特定情况下与其他资产价格的负相关性，减小或者对冲风险。

理财专家认为，最好的投资组合为：现金＋国债＋房产＋黄金。一般在投资组合里，黄金占到10%～20%即可。在这里要提醒各位的是，资产组合及比例完全可以根据自身的资产状况做适当的增减，没必要拘泥于一个数字。为此，投资人在平时应对影响黄金价格的多方面因素都予以关注，以更好地规避风险。

二、掌握黄金价格变化规律

黄金既然是一种实物商品，它就有商品的性质——有价值，而价值是决定黄金价格的基础。可能由于市场上供需的变化，价格就会有所变动，但是终归是围绕其价值上下波动。而且，即便有所偏离也是有一个幅度范围的。所以黄金的价格多呈现反复波动。对此，投资人只要合理安排自己的持仓数量和持仓结构，注意操作策略，这其中的风险很容易规避。

三、顺势投资

要在黄金期货的风险市场中获利，最要紧的是看清方向，利用概率及时止损，同时要正确分配资金。

同其他投资项目一样，在黄金市场上最好也是顺势投资。在市场趋势上涨时做多，在市场趋势下跌时做空。在价格上升的过程中，除了在金价上升到最顶端要转势之时，你都可以进行投资；而在价格下跌的过程中，还是保守些比较稳妥。

四、随时分析

做过其他项目的投资人多少懂一些技术分析方法，而这些常规的技术分析在黄金投资中也很适用。每当你遇到相关金融产品价格变化时，比如美元、石油的价格变化，可能会影响到黄金价格的变化，所以要注意分析，以最后评定黄金价格的变化。一般美元与黄金的价格变化呈现负相关关系，即美元上涨，黄金下跌；美元下跌，黄金上涨。而石油通常与黄金呈现正相关关系，即石油上涨，黄金上涨；石油下跌，黄金下跌。

▲ 理财圣经

理性的投资人不会仅仅沉迷于黄金的魅力，还会遵循投资黄金的原则。

预测黄金价格的三大方法

对于黄金投资人而言，最关心的问题莫过于黄金价格了。对价格的准确判断是赢利的基础，然而黄金是兼具商品和货币双重属性的特殊产品，它的价格走势有什么特点，其价格又如何准确预测？

在介绍预测黄金价格的方法之前，可以先总结一下多年来黄金价格走势的基本特点，这样才能对预测黄金价格的方法会有一些较好的理解和把握。目前我们公认的黄金价格走势特点为：

首先，从超长时段来看，黄金价格基本上是持续上涨的。这个特点主要源于黄金与信用货币的各自特性决定了以信用货币标记的黄金价格长期来看必然上涨。另外1944年布雷顿森林体系建立后，以美国为首的西方国家纷纷采用了以信用泡沫刺激经济增长和作为配置资源的手段，从而导致了在第二次世界大战后国际经济体系内累积的信用泡沫越来越多，进一步加大了黄金价格上涨的内在动力。

其次，趋势一旦形成，则多年不会逆转。黄金可以说是世界货币，其美元价格的长周期变化趋势反映了世界地缘政治格局和国际经济、世界货币体系的重大变化，而这种内在决定因素的变化往往是长周期的，一旦发生变化，则将延续多年。黄金价格机制的上述特点直接决定了黄金价格走势的特点，即黄金价格的趋势一旦形成，则在相当长的时间内都不会变化。突发事件影响较大，一般情况下单位时间内的波幅较小。

最后，黄金价格对重大事件会提前反映。黄金价格的转折或重大变化往往能够对重大地缘政治事件、国际经济金融事件的发生作出提前反映。

根据这些年来黄金的历史趋势，可以总结出黄金的预测方法：

一、根据供需变化预测

众所周知，把握供需平衡点是预测金价的利器，了解黄金的供需情况就能把握黄金的特点，进而掌握金价的走向。

从黄金的商品属性来看，近年来国际黄金的供给（矿产金和再生金）保持在3300吨左右，制造用金（包括首饰需求）的需求为3700吨，由于矿产金有7～8年的投资周期，所以以金价上涨的刺激很难在短期内促使国际矿产黄金的供给增加，对黄金的需求也比较稳定。

供需间的缺口则由官方售金和投资需求来填补，投资需求受金价的影响很大，受到黄金非货币化进程的影响，近年来，官方售金成为一股不受金价影响的决定性力量。

例如，1999 年，当金价在 270 美元／盎司的低谷时，英国等国大量抛出黄金储备；而在 2002 年、2003 年金价开始上升时，很多国家又反过来增加了黄金储备；又如"华盛顿协议"后欧洲各国每年 400 吨稳定的抛售量等。

由此可以看出，决定黄金基本变化的因素主要是官方对黄金储备的态度，这取决于黄金货币职能的强弱，它在不同历史时期的表现不同。就像当前国际货币体系不稳定，黄金的货币职能就强些，官方减少售金量，需大于求，金价不断上涨。

对供需的预测能使我们很好地把握金价的长期走势，更能运用在对黄金企业股票的预测上。例如，在上海证券交易所上市的山东黄金（600547）股票，行业特点决定了其每年的产金成本和产量变化不会很大，那么，山东黄金提高每股收益的途径只有两个：一是等待金价上涨，通过计算可以得知，目前的产能金价每上涨 10 元，山东黄金的每股收益就能提高 0.18 元，所以，根据每季度的平均金价，基本上就能预测山东黄金的季报结果；二是通过收购金矿迅速提高产量，如已经收购了焦家金矿，准备收购玲珑等矿。如果这两个因素有很大变化，山东黄金的投资价值无疑将更上一层楼。

二、根据美元走势预测

美元走势和金价息息相关，从 1986 ～ 2006 年黄金与美元的走势，可以直观地看到美元跌的时候黄金在涨，而黄金跌的时候美元则往往处于高位。

美元为什么能影响金价？为何美元能如此影响金价呢？主要有三个原因：

第一，美元是当前国际货币体系的柱石，美元和黄金同为最重要的储备资产，如果美元坚挺和稳定，就会降低黄金作为储备资产和保值功能的地位。

第二，美国 GDP 占世界 GDP 总量的 20％以上，对外贸易总额名列世界第一，国际经济深受其影响。

第三，国际黄金市场一般都以美元标价，美元贬值势必会导致金价上涨。比如，20 世纪末金价走入低谷时，人们纷纷抛出黄金，这与美国经济连续 100 个月保持增长、美元坚挺关系密切。

三、根据黄金生产成本预测

"商品的价值取决于凝结其上的一般劳动价值。"也就是说，价格不会大幅度偏离商品的成本，成本可以挤掉价格的泡沫，以便更好地看清商品的本质。

黄金的平均生产成本是 290 美元／盎司，南非的优质高技术矿产企业的成本更低些，生产商通过对冲交易，可以把短期黄金的最低净生产成本降到 250 美元／盎司左右。该生产成本与目前的金价比较，金价是否过高呢？其实并没有过高，黄金和石油一样是资源性商品，矿储量是有限的。当政治局势动荡不安时，人们更能体会到石油和黄金的价值，黄金的成本溢价会更高。

2001 年，金价跌入最低谷，全年平均金价只有 271 美元／盎司，也就是说，其低于大多数生产商的生产净成本，生产黄金越多越亏损。这是一种极其不合理的现象，但这却是个绝好的投资机会。当所有的不好消息都出现之后，特别是那年还出现了"9·11"事件，但这恰好成为了黄金市场走向牛市的开始。运用成本预测法，往往可以提前预知这样的行情。

由于观察黄金价格的角度不同，基于不同的逻辑，黄金价格预测有以下几类方法：其一，以黄金属性和黄金价格形成机制为起点的预测方法。其二，基于黄金普通商品属性的供求分析方法。

其三，基于经济因素的基本分析方法。其四，基于价格走势的技术分析、时间序列分析神经网络分析方法。其五，基于历史价格走势和相应影响因素相互关系的统计模型分析方法。上述五种方法，以黄金属性和黄金价格形成机制为起点的预测方法考虑了不同条件和背景下黄金价格形成机制的差异，能够对未来黄金价格有准确的把握，其他方法均没有充分考虑黄金价格在不同背景条件下起主导作用的属性和影响因素变化，没有区分不同背景条件下黄金价格机制的变化，因此在预测的逻辑基础上具有十分明显缺陷。

▲ 理财圣经

　　对于投资人理财来说，金价的涨跌深受汇率、经济形势、证券市场、通货膨胀、国际局势以及石油等主要原料价格的影响，通过对这些相关因素的判断，能较好地预测短期金价。

新手"炒金"注意事项

　　伴随着黄金市场的再次走俏，"金市"里又多了一批满怀致富热情的新手。而新手投资黄金，该注意哪些事项呢?

一、制订详细计划

　　"凡事预则立，不预则废"，这是千百年来被验证的真理，而在黄金投资中，你理应在开始投资前，作出一份切实可行的投资计划。在这份计划书中，应当包括你个人的财产情况、家庭情况、投资目标（期望能获得多大回报），选择什么投资产品，按照什么步骤来执行，如何来不断检查、完善你的计划，等等。你要充分结合自己的理财特点和风格来拟订这份计划，以使它更加贴切你的情况。

二、选择好的金商

在制订出好的投资计划之后，就该是好的金商上场了。在市面上，有琳琅满目的黄金投资产品，它们都是由不同的珠宝机构或者银行提供的服务项目。种类繁多，令人目不暇接。那么，你该如何选择？

你可注意以下"三比"。

（1）比实力。实力大小是评估金商的一个重要标准。实力雄厚、知名度高的商业银行和黄金珠宝公司的产品和服务都很受大众青睐，而由于其有足够的资金做后盾，也比较值得信赖。

（2）比信誉。信誉好不好，在商场上几乎决定了一个生意人的成败。诚信是每个经营者都应当提倡的，而这也是一条普通的商业规则。如果金商的信誉度不高，还是淘汰掉比较好，以免有后患。

（3）比服务。很多情况下，投资人不会太在意金商的服务。往往只要质量好，金商的态度或者售后服务不好也可以迁就一下。可是，在购买后真出现了问题，你能得到应有的对待么？所以，你最好心里有个底，留意一下金商的服务机构、所做的售后承诺以及服务的执行情况。

三、学习相关知识

"磨刀不误砍柴工"，投资人不妨在正式开始黄金投资之前，努力学习一下黄金投资方面的知识。仔细阅读一些专业文章，会让你在投资的时候更加得心应手。

学习这些知识的途径不外乎四种：从书本和有关文章中学习；

从网站搜索各种资源学习；向先入行的投资人学习；在实践中学习。

四、做好心理准备

一个投资人如果没有做好心理准备，不可能投资成功，因此炒金人也要在事先有所准备。黄金市场上也有一定风险，投资人一定要正确面对。为了能让你的心里更有底气，你可以常常浏览国内和国外的时政，也可以多了解一些影响金价的政治因素、经济因素、市场因素等，进而相对准确地分析金价走势，从而做到在面对风险时能镇定自若。

五、选购黄金藏品

黄金藏品大都珍贵而精致，所以在具有其本身价值，还兼具文化、纪念和收藏价值。倘若你能在众多黄金制品中挑到成色好、样式新颖，并且极具纪念和收藏价值的金品，你就能投资成功。所以选购好的黄金藏品，也是投资的重中之重。

◢ **理财圣经**

黄金投资，投入的不仅仅是热情，还有你的财富，因此投资人尤其是投资新手应多加注意。

第五章

盛世做收藏：
小收藏 PK 大财富

收藏：一种最高雅的理财方式

俗话说："盛世做收藏，乱世收黄金。"记得改革开放之初，经常可以听到一些因收藏而产生的逸事：如某某家传一件古玩被外商以巨资收购，其家也一夜之间成为"巨富"云云。当时类似的传闻很多，听者表示羡慕，妒忌者大有人在。其实自古以来，古玩、名人字画就是官宦、富商和文人所看重的财富载体。至于富有天下的皇室、贵族，更是把其收藏作为炫耀、积累财富的手段。

有人说收藏品是成年人的玩具，也有人说收藏是傻瓜接力棒的游戏，总有一个比你更"傻"的人买下你的藏品。在一般人看来，收藏确实是一件难以言喻的事。那么收藏是为了什么呢？有人说为挣钱，有人说为发现，还有人说为捡便宜……这些都不错，而且不矛盾。

从理财学上说，收藏是一种投资行为，是指把富有保留价值的物品收集起来加以保存。收藏品必须具有升值价值，否则便失去了投资意义。较常见的收藏项目有瓷器、字画、古书等，现在还有些人热衷于邮票、钱币、电话卡、国库券、火柴盒等物品的收藏。总之，凡是过去有而以后不会再有的物品都可以被列入收藏范围。收藏是一种增长见识、陶冶情操的业余爱好，还能给收藏者带来经济效益，可谓有百利而无一弊。

收藏多少年来一直受人们关注，如今，越来越多的人涉足收藏，然而留心观察，同时起步的人几年后会有不同的结局。有的人可谓名利双收，收藏品上至不俗的档次，经济上也或多或少有些收益；而有的人破破烂烂一屋子，外行看起来热热闹闹，内行则不免嗤之以鼻。这便涉及如何选择收藏品的问题。真、精、新恐怕是初涉收藏领域的人们面对眼花缭乱的物品所要牢牢把握的诀窍。

首先是真，即真正的古董。现代人处于激烈的社会竞争、繁杂的生活环境中，于是古代物品就成为人们思古悠情的媒体。因此，从收藏这个角度来说．所选物品一定要有历史感，即人们常说的"够代"。当然，"够代"是相对的，明清时藏家钟情于夏、商、周所谓老三代的古玉。而当今一块清代、民国时期的玉件价值亦不菲。

其次是精，即看收藏品是精美还是粗俗，是否有较高的艺术价值。收藏物品的年代固然重要，但其精美与否也是重要标准之一。我国历史上各朝代由于审美习惯不同，所遗物品其风格迥异，如汉代的粗犷豪放，唐代的富丽堂皇，宋代的清新隽雅，明代的精雕细琢，清代的繁花似锦。各朝代有代表性的物品艺术价值高的可以不惜重金买下，否则宁缺毋滥。

最后是新，即完整性。任何一件藏品其完整性不容忽视。字画等都有不可再生性。随着时代的推移哪怕收藏条件再好，也难免受到损伤，因此其完整性就尤为珍贵。以人们津津乐道的明、清官窑瓷器为例，哪怕是口沿稍有脱釉即"毛口"，价格则成倍地下跌。所以收藏品要品相上乘，才会有较大的升值空间。

所以说，要想搞好收藏，必须具有相关的知识，了解相关诀窍，否则很容易花冤枉钱。

▲ 理财圣经

近几年来，我国的收藏热持续升温，收藏的种类也越来越多样化。收藏作为一种高尚而理想的娱乐活动，对收藏者来说可谓乐在其中，其乐无穷。

邮票投资：方寸之间天地宽

邮票俗称"小市民的股票"。早在 20 世纪 40 年代，邮票便成为欧美等国家普遍欢迎的投资对象。自 20 世纪 80 年代以来，邮票在股票之前就已成为我国个人投资的热门货。

邮票的种类主要有以下几种：

一、新票、盖销票、信销票

在我国的邮票市场上，新票价格最高，盖销票次之，信销票最低。在国外的邮票市场中，人们比较重视信销票，最看不上盖销票。人们传统的邮票投资观念认为只有收集信销票为真正集邮，认为购买新邮票不算集邮。信销票的特点是难以收集，但是它作为邮资凭证使用过，有一定的邮政史料价值。对于较早期的邮票，中档以上的邮票新票和信销票价格的高低往往决定于收集难度的大小，并非只要是新票就价格高，信销票价格高于新票的现象也十分普遍。许多集邮者不重视信销票，而给盖销票较高的地位，今后这种邮票投资观念将会改变。那些收集难度较大的高面值的成套信销邮票，价值很有可能高于新票。如果能够收集一个时期纪念或特种邮票的大全套信销票，其价值将是很高的。

二、成套票和散票

成套邮票价格都高于散票，但是散票同样具有一定的市场价值。人们可以利用散票价格比成套票低的特点，收集和购买散票，以便凑成成套票，使其价值升值。

三、单票、方连票、整版票（即全张票）

一些人在邮票投资中持有一种错误的观点即收集方连票，甚至整版票，认为它们相对市场价格会高一些。从邮票投资上来讲，收集方连票、整版票实无必要，因为投资要比收集单枚票贵几倍至几十倍。如果是中、低档邮票，方连票、整版票很多，比起单票来说，也就没有更高的价值了。

四、单枚套票、多枚套票、大套票

单枚套票是指 1 枚 1 套的邮票。多枚套票是指 2 ~ 6 枚 1 套的邮票。大套票是指 7 枚以上 1 套的邮票。

在早期 J、T 邮票中，单枚套票的增值明显高于多枚套票和大套票。

多枚套票和大套票的成套信销票收集难度较大，这是许多集邮者都选择购买新票的重要因素；多枚套票和大套票面值较高，这是集邮者购买新票的消极因素。两两相抵，使多枚套票和大套票收集难度高，因此多枚套票、大套票具有近期增值慢，而远期增值较快的特点。

五、低档邮票、中档邮票、高档邮票

在通常情况下，低档邮票的市场价格比较稳定；高档邮票的邮市价格上下差异很大，不稳定，其价格受时间、地点、邮商和购买者的认识和售票者特点的影响很大；中档邮票的价格介于两者之间。

在我国市场上，高档邮票特别是珍稀邮票的价格仍然偏低。随着人们生活水平的提高，集邮人数的增加，集邮层次的普遍提高，高档邮票将出现迅速增值的趋势。它们与低档邮票之间的价格差距将更为悬殊。

六、早发行的邮票和晚发行的邮票

邮票发行年代的早晚，在较短的时间内对邮票价格影响较大，往往发行得早的邮票价格高，发行晚的邮票价格低。但是经过5年、10年，特别是过了20年以后，邮票发行年代的早晚对价格的影响已经微乎其微，甚至完全不起作用。有不少发行较晚的邮票会后来居上，价格上涨得很高，也有不少早发行的邮票价格总是上不去。所以，以长远的眼光看，邮票发行的早晚对价格的影响是很小的。

七、纪念邮票与特种邮票

"J"字头纪念小型张邮票具有以下3个特点：

（1）作为纪念邮票，以人物或以事件为标志，每一张邮票都包含一定意义。

（2）"J"字头纪念邮票设计制作时使用的颜色比较鲜艳，其中使用金粉较多。

（3）这类邮票一般具有较浓的政治色彩，有一定的教育启发作用，受国家、地区限制，世界意义较小。受这三种因素的制约，纪念邮票的收藏价值和市场交易价格不如特种邮票。纪念邮票在市场上较畅销的是近期发行的邮票。如"孔子""西藏""建国""亚运会小型张"和五号票"熊猫盼盼""孙中山""奥运会"等。

"T"字头特种邮票小型张，是一种市场畅销品种，它具有世界意义，市场价格也较高。其特点包括：

（1）特种票题材广阔、内容丰富。有山水、花草、鸟兽、鱼虫和濒临绝种的珍贵动植物，有名胜风景、古迹文物、文学故事等。由于此种邮票的艺术价值、欣赏价值高，包含的意义深刻，因此广受集邮者青睐。

（2）特种票选择事物都具有典型意义，或者声望高，或者独一无二，对宣传中国文化具有重要作用。

（3）特种邮票的金粉少，易于保存，收藏风险较小，政治成分少而艺术价值大，适应性广，国内外集邮爱好者都喜爱。

"T"种邮票小型张可分为三大档次：

一是高档票，包括"奔马""工艺美术""公路拱桥""云南山茶花""万里长城""从小爱科学""齐白石""荷花""红楼梦""西厢记""牡丹亭""益鸟""辽彩"等，即1984年以前发行的"T"字头特种邮票都属于高档票。

二是中档票，从1985～1988年发行的邮票划归为中档票。

三是低档票，1989年以后发行的属低档票。其中，高档票中的"药用植物"，因其印数较多，落入中档票范围；"熊猫""白鹤"因其印量较大而落入低档票内。

八、错票与变体票

在众多的邮票当中，有些邮票因设计上的错误或发行量很少等原因，被人们视为极珍贵的邮票。这些邮票在历次拍卖和市场中价格一再上涨，成为集邮家争相搜集的对象。如1990年5月26日，香港旭力集邮公司在第26次通信拍卖中，1枚蓝色的"军人贴用"新票上有约一厘米的撕裂，底价15万港元。

◢ 理财圣经

刚开始进行邮票投资，绝大部分投资人对邮票投资都不太熟悉，面对各式各样、令人眼花缭乱的邮票和熙熙攘攘、瞬息万变的邮市，该如何下手呢？这时候首先掌握一定的邮票投资知识和投资技巧，对投资人来说是至关重要的。

钱币投资：让你成为"有钱人家"

钱币有很多种类。以形态来分，可分为纸币和金属币两大类，金属币又可分为贵金属币和普通金属币；以国别来分，可分为中国钱币和外国钱币；从时间上来分，可分为古代钱币、近代钱币和现代钱币。

古今中外发行过的钱币有数百万种之多，钱币收藏者只能量力而行，分类收藏。收藏专家认为，钱币收藏要注意看以下7个方面：

（1）钱币是否有面值。没有面值的只能称为"章"，而不能称为"币"。币，必须是可以或者曾经可以作为货币流通。

（2）钱币涉及的题材。钱币所涉及的题材多为历史人物、历史事件、文化艺术、体育、动物、植物、自然景物等。由于每个人的学识情趣、文化品位不同，对题材的偏好各异，所以，收藏者可以选择自己所喜爱的题材进行系列收藏。最好是选择大众喜闻乐见的而且发行量不能太大，这样的品种比较有生命力。比如，野生珍稀动物系列纪念币，每套发行量都为上百万枚，而且有1/3向国外发行。

（3）钱币的纪年版别。钱币上的纪年是指铸造在钱币上的年份。相同图案、面值的钱币，纪年不同，其价值差异颇大。

（4）钱币的出处。比如说，银元就分为云南龙版、北洋龙版、江南龙版、贵州竹版等。

（5）钱币齿边形状。钱币的齿边形状大致可以分为平光边、丝齿边、装饰边、铭文边和安全边五大类，是区分铸币不同版别的一个重要依据。

（6）钱币的制作工艺、钱币上的字迹是否自然流畅，与整个钱币是否和谐。做工精美的品种，容易引起市场好感，具有较大的增值潜力。

（7）钱币的成色。钱币的品相是按"成"来划分的，其实，只要有七八成新就可以收藏，如果是珍稀品种，成色差一点也行。当然，十成新的最好，这就表明钱币没有任何脏污斑点，没有任何破损、裂缝，而且重要的是没有经过人工处理。

总之，对钱币鉴别时需要在"看"上下功夫，钱币收藏者往往需要随身携带放大镜。

中国的古钱币有着长达 3000 多年的悠久历史，各种各样的古钱币中包含着极高的考古学价值和收藏价值。

但是，古钱币投资与其他形式的投资一样，也存在着极大的风险。投资人在古钱币的实际投资过程中，应掌握以下几个要诀：

一、选准某一时期，把握好一点

我国历史上曾经出现过的货币形制成百上千，钱币版本更是成千上万，因此，对于各种各样的形制和版本，任何人都不可能做到一览无余，完全掌握。所以，涉足这一收藏领域的投资人，除了要下大工夫学习相关方面的专业知识之外，最好先从某一时期的钱币着手，这样涉及的钱币种类少，能够把握好一点。等熟悉了基本情况以后，再循序渐进地逐渐扩大收藏范围。

二、详细了解有关币种的价格情况

古钱币市场的价格体系复杂，文物价值与市场价格往往严重背离，很难准确把握。因此，古钱币投资人在确定了投资的具体方向后，特别是必须详细了解有关币种的价格情况，要了解相同或相似种类的价格差别，以免遭受投资损失。

三、密切关注古钱币出土情况

古钱币的出土情况对市场行情的影响很大，难以预测。由于古钱币没有很高的艺术欣赏价值和使用价值，所以购买者大都是专门的钱币收藏者。因此市场上对某一类古钱币的需求量在一定时期内是比较稳定的。古钱币在社会上的存有量差别很大，不同的古钱币之间的差价也是巨大的。古钱币的社会存有量有时会增多，因为它有一个巨大的不可预测的地下埋藏库。古钱币的出土情况报纸上常有报道。一般说来，墓葬出土或考古遗址的零星出土，古钱币的数量普遍较小；古人的藏宝之处出土的数量往往较大，币种也比较集中。如果一次挖出同一币种钱币的数量极多，又由于管理不当而流入了市场，那么市场上的供需平衡很快就会被打破，价格随之就会下降。总之，把稀缺币种作为收藏投资的对象时，一定要密切注意最新的出土情况，如果发现有可能影响市场价格的考古出土方面的报道，就应马上采取适当的应对措施。

四、具有一定的识别真假能力

古钱币因形制简单，铸造容易，从近代开始就有人专门从事古钱币造假，所以，古钱币的收藏投资人必须具备一定的识别能力。保存最完好的古钱币应该是带锈色而无锈蚀，表面光滑而发亮，各部分均完整无缺，字迹和花纹清晰可辨。

还有一点是投资人应该注意的，由于古钱币的铸造模具由手工雕刻，因此难免会有疏漏，版别漏验及试铸币便成为珍品。

五、初涉古钱币收藏者可以先从银元做起

银元的发行流通时间短，磨损少，保存完好，目前在民间尚有不少持有量。由于银元本身是贵金属，自身的价值有保证，多

少年来一直随国际市场的金银价格而缓慢爬升。因此，投资银元既稳妥可靠，又有一定的获利机会，是初涉古钱币投资人较为理想的选择。

▲ 理财圣经

投资钱币是件乐事，时下钱币大热，投资人一定要擦亮眼睛，否则因知识缺乏，在钱币投资上栽了大跟头，就不是一件乐事了。

古玩投资：在玩赏中获取财富

有的人曾经很形象地把投资古玩形容为"玩并赚着的投资方式"，确实如此，古玩投资不仅满足了投资人的个人爱好，又能给其带来丰厚的利润回报，岂不是一举两得的事情，何乐而不为呢？

一、玉石翡翠的收藏

在我国历史上遗留下来的玉石翡翠珍品数量非常有限，但普通的古玉石翡翠种类繁多，差价很大，加上作伪者多，识别和辨伪的难度相当大，所以玉石翡翠自古以来，非普通人所能及，都是作为皇亲国戚、富商大贾的掌中玩物被收藏的。现代社会随着人们生活水平的不断提高，老百姓手里有了闲余资金，玉石翡翠这些收藏品也逐渐为普通百姓所拥有，并作为投资对象。因此，对于想涉足玉石翡翠收藏的投资人来说，掌握一点玉石翡翠的辨别真伪的基本知识是非常必要的。

由于玉石翡翠具有十分繁多的种类和形式，且有大量的伪作，所以投资人一定要多读有关资料，掌握相关的知识，同时还要注意以下几个事项：

（1）对照实物，多看多比较。

玉石翡翠收藏非常注重实践性，所以，要求投资人必须经常接触实物，从而积累大量的实践经验。如果条件允许，投资人可以经常到文物博物馆、古玩专卖店或大商场及旅游商场的工艺品柜台，了解玉石翡翠收藏品的具体市场行情，并牢记各种制作工艺、品色方面的感性特征。另外，还要有意地去逛一些旧货市场或街头地摊，平时对一些小件玉器翡翠饰物多加留意。

（2）具备长期投资的心理意识。

玉石翡翠属工艺品，其价格主要受材质和制作工艺的影响，而这些标准又是比较客观而固定，所以玉石翡翠品的价格在国际国内一直处于稳中上升的趋势，少有大起大落，不像书画作品那样因作者名声的涨落而涨落。所以，除非投资人有非常方便又便宜的进货渠道，否则不适合进行短期投资。

（3）仔细鉴定藏品的真伪。

通常投资人仅用肉眼和凭个人经验来鉴别玉石翡翠的真伪，这种方法的可靠性非常有限，单凭经验有可能看走眼，造成投资损失。因此，在决定买较大件的玉石翡翠作为收藏投资的对象之前，一定要尽可能地通过专业鉴别机构或专家，使用专门仪器对玉质进行科学鉴别，从而得出颜色、透明度、光泽强度、比重、硬度等玉石品质方面的分析指标，为玉石翡翠的收藏投资提供科学可靠的依据。

（4）密切关注国内外市场行情。

由于我国是玉石的故乡，所以玉石制品基本上来源于国内。投资人既可以直接从商家购买，也可以在民间寻觅收集。然而玉石制品的消费者主要集中在国外，特别是海外华人圈和西方的博物馆。尽管现阶段国内消费也逐渐扩大，但玉石制品的主流价格仍以海外市场为准。所以有条件的投资人可以直接参与国际市场的拍卖活动，倘若没有这种条件，则要紧密注视国际市场的行情。

（5）以制作工艺作为选择的首要标准。

在众多收藏品中，玉石制品的价格受其年代的影响较小，而主要受其制作工艺水平的影响。一般说来，一个年代久远但工艺简单的玉器，虽然有极高的考古学价值，但因为没有极高的艺术欣赏价值，所以在国际市场上的价格往往不会很高。而一个现代玉石翡翠工艺品，只要工艺精湛，在国际市场上就可以卖出很高的价格。所以，投资人将玉器翡翠制品作为收藏投资对象时一定要把制作工艺当作首要标准。

二、青铜器的收藏

青铜是红铜与锡和铅的合金，因是青灰色，所以叫青铜。青铜器主要是指先秦时期用青铜铸造的器物。

从我国已发现的各类青铜器的造型和装饰来看，自夏始，中经商、西周、春秋、战国直到秦汉，每一时期既表现出各自的风格和特色，相互间又有沿袭、演变和发展，进而形成了独具特色的中国青铜文化艺术。我国青铜器艺术，在发展史上曾经有过商代晚期和战国时期两个发展高峰。商代晚期的青铜器，其质量和数量都得到空前的发展和提高，制作精良，纹饰繁缛，形制奇诡，图案丰富多彩，体现了商代人尚鬼的神秘气氛。战国时期的青铜器，则富于生活气息，注重实用而别出心裁，华贵绚丽又不失文雅。此时的纹饰已从过去奔放的粗花，变为工整的细花，并向图案化方向发展，已无神秘色彩。在制作工艺上，最突出的是错金银、嵌红铜、包金银、鎏金和细刻镂等新技术的发明和应用。

鉴于中国青铜器历史悠久，品种纷繁，人们对其进行了详细地分类，其目的在于更清楚地区别青铜器的性质和用途，以利于研究、鉴赏和收藏。

我国青铜器不仅种类丰富，而且别具艺术特色，历来是中外收藏家注意收藏的珍品。由于青铜礼器的造型最为多样，也最能体现青铜器的艺术特色，所以千百年来收藏家都重视鼎、彝、钟、簋、尊、爵、卣、豆等礼器方面的传统收藏，尤其是带铭文的礼器，更是追逐搜寻的重点。本来青铜礼器的传世量就不多，而需求者有增无减，僧多粥少，所以青铜器历来价格昂贵，尤其是珍稀精品，只有王宫贵族和巨富商贾才玩得起。青铜礼器虽说值钱，但并非所有的礼器都有较高的经济价值，特别是那些工艺粗糙、破损严重的礼器。

如果投资人想通过青铜器投资来实现致富的目标，就应该先学会识别真伪青铜器的窍门：

（1）眼看，即看器物造型、纹饰和铭文有无破绽，锈色是否晶莹自然。

（2）手摸，凡是浮锈用手一摸便知，赝品器体较重，用手一掂就知真假。

（3）鼻闻，出土的新坑青铜器，有一种略有潮气的土香味，赝品则经常有刺鼻的腥味，舌舐时有一种咸味。

（4）耳听，用手弹击，有细微清脆声，凡是声音混浊者，多是赝品或残器。

三、古瓷器的收藏

"瓷器"的英文名称叫"china"，和"中国"用的是同一个英文单词。据说，在几个世纪前，当西方人第一次看到来自于中国的精美瓷器时，无不对它的精美绝伦大加赞赏，但不知它为何物，只好以它的产地国名——"china"来称呼。自明代郑和七下西洋，将中国的瓷器带到世界各地之后，中国瓷器就一直成为全世界的收藏家们喜爱和追求的珍品。在西方人眼里，中国瓷器是不可多得的珍宝，宫廷贵族、富翁们常常在宴会上使用中国瓷器，借此来展示自己的富有。假若偶尔失手打碎瓷器，其碎片万万不可丢掉，而是用黄金把它们镶嵌起来，供为珍品。所以，中国的古瓷器在国际市场上一直以来都具有很高的价格。

多少年来，中国瓷器在国际市场上价格一直居高不下，致使许多趋利之徒从清代起就大肆制作古瓷器赝品。目前，在全国旧货古玩市场上遇到的所谓明清瓷器绝大部分都是这类伪作。因此，古瓷器收藏者，如果想在拍卖场以外寻求投资机会，不但要了解各时期中国瓷器的风格特点，还要尽量掌握一些甄别瓷器新旧真伪的知识。

古瓷器之所以受中外收藏者喜爱，不仅是因为它具有极高的历史研究价值，更是因为它的质地、色彩和造型等制造工艺具有极高的艺术欣赏价值。可以说，收藏者看重的主要是瓷器的艺术性，而不是历史性。所以，判断一个瓷器的优劣既要看其年代，更主要的还是看它的制作工艺。如果是一个普通工艺制作的瓷器，即使具有悠久的历史，其收藏投资价值也不是很大。然而，如果是精工细作，能代表某时期工艺典型风格的瓷器，即使年代较近，也可能价值连城。比如，1997 年上海春季国际古瓷拍卖会上，有人将一对清代雍正年间制造的斗彩竹纹碗以 100 多万元人民币的成交价买走，而一只产于宋代的黑釉碗却以不足 5000 元人民币成交。两者价钱为何如此悬殊？其主要原因是工艺水平存在着极大的差异。那对清代的斗彩竹纹碗是官窑名瓷，工艺精美绝伦，那只宋代的黑釉碗则是一般民窑制作的普通瓷器用品。所以，对于古瓷器收藏者来说，在关注瓷器年代上的同时，还必须留心判断瓷器的精美程度。

◢ 理财圣经

随着人们生活的日益提高，收藏不可再生的古玩已经逐渐进化成为一种高雅的投资理财方式。然而，由于市场上赝品较多，古玩投资者应尽可能多掌握一些相关知识，以免受骗。

字画投资：高品质的艺术享受

我国自改革开放以来，经济发展取得举世瞩目的成就，人民生活水平日益提高，艺术品市场作为一个十分重要的投资渠道也得到了恢复、规范和长足的发展，人们对字画等艺术品的直接消费需求和收藏投资的需求也稳步增长，特别是随着艺术品市场的开放程度日益提高，与海外市场的联系日益广泛和密切，中国字画作品的投资价值与投资功能日益显现出来并得到人们的普遍认同和长期看好，艺术品市场日趋活跃与繁荣。应该说，现在是我国字画投资的历史最好时期。

其实，不仅是现在，就是前几十年，字画的收藏也为很多人所热衷。可以说，投资古字画历来是收藏投资界所热衷的宠儿。

为什么字画收藏如此受欢迎呢？因它具有以下优点：

（1）在各类投资市场中，字画投资风险较小。与投资字画相比，购买股票或期货两者风险较大。

（2）字画投资收益率极高。一般投资收益率与投资风险成正比，即投资风险愈大，投资回报率则愈大；反之，投资风险愈小，可能获得的投资回报率则愈小。但是由于字画具有不可再生性的特质，因而其具有极强的升值空间。字画本身的特征决定了字画投资风险小、回报率高的优势。

艺术品都是集精神价值与商业价值于一体的。由于其中的精神含量和文化含量难以量化，所以，投资人在为艺术品定价时，往往会走入一种误区。主要表现为以下几个方面：

一、依据艺术家知名度的高低定价位

通常来说，具有较高知名度的艺术家的作品相对比较成熟，其作品的价位也较高，但这并非绝对。在当今，影响艺术家知名度的因素很多，其中不排除受他人眼光的影响，外界"包装""炒作"等。所以，艺术家的知名度不能与其艺术水平画等号。

二、依据字画作品的规格定价位

一般人认为，画家创作大画费力，小画相对轻松。事实上，具有艺术字画创作实践经历的人都知道，同一题材在四尺三开、五尺三开乃至四尺整幅上创作其效果并没有太大差异，只是花费材料的数量有些不同而已。所以，如果仅以尺寸为作品定价位就会导致画面越来越大，其艺术含量却越来越低。

三、依据作画所用时间长短定价位

有些艺术成就极高的画家，往往能在半天就完成一幅"巨作"，照样能取得不朽的创造性的劳动成果。他们半天的"产品"，按照现在的价格来定，少说也要几十万元。但"半天"的背后是数十年的功力和超众的艺术才华。艺术家个人品质的修炼，其价值的含金量往往要大于技术修炼的含金量，况且两方面的修炼是互为影响的。这种漫长的人格锤炼和艺术锤炼的过程，是无法量化的。

四、依据艺术品的构图疏密、用笔繁简或色彩多寡定价位

艺术品用笔的繁简和色彩的多少只是艺术表述方式，与其艺术质量无关。用笔简的画，可能是长时间构思的结果。它可能是艺术家长期积累、偶有一得，也可能是其彻夜不眠、反复推敲而得的力作。

五、依据艺术家存世作品多少定价位

艺术品的收藏不能像古玩收藏那样，它的价格并不遵守"物

以稀为贵"的商业规律。艺术大师可能终生勤奋不辍，为后人留下众多质量上乘、艺术价值极高的艺术作品。

对于有心在古字画收藏中一展身手的投资人来说，应该注意以下几个方面：

一、必须具备一定的书画收藏和欣赏知识

中国历代的书法和绘画在其发展过程中都具有较大的统一性，因此，画家也常常就是书法家。由此可见，欣赏字画的道理也是相同的，主要包括欣赏字画作品的笔法、墨法（色彩）、结构（构图）和字画所反映的历史知识以及作者的身世等方面的知识。

二、详细了解字画作者的身份

中国历朝历代的名画家非常多，有史料记载的达数万人之多。对投资人来说，详细了解每个人的身份显然是不太容易的，但可以对每个时期最有代表性的人物的身份作详细地了解，真正做到"观其画，知其人"。

三、掌握一定的字画鉴别方法

对于一般的古字画收藏投资人来说，古字画鉴别的难度是极大的。由于中国古代的书画家极多，留下了许多优秀的书画作品，再加上各种临摹，各种假画伪画，以及后落款，假御题、跋、序等，是任何专业类图书都无法一一详细记载的。所以，即使国家级的鉴别大师在鉴别古字画时也不敢保证每次都千真万确。古字画的鉴别虽说难度很大，但其中还是有一些基本规律供投资人参考的。古字画的鉴别除了要注意字画的笔法、墨法、结构和画面内容等基本方面外，还须注意字画中作者本人的名款、题记、印章和他人的观款、题跋、收藏印鉴，以及字画的纸绢等相关细节方面，这样才能减少鉴别失误。

四、了解字画伪造的种种方法

古代字画作伪之风源于唐代的摹拓和临摹。所谓的"摹"是将较透明的纸绢盖在原件上，然后按照透过来的轮廓勾线，再在线内填墨完成。"临"是指将原件放在一旁，边比照边写画。尽管摹写出的作品表面上更接近原件，但往往无神，也容易将原件弄脏，而临写则比勾摹自由，可在一定程度上脱离原件，因此是更高级的作伪方法。

由于古字画市场上鱼龙混杂，良莠不齐，所以对古字画收藏者来说是有一定风险的。古代没有专门的鉴定机构和专家，因此，收藏者自己就必须是鉴定行家，不然就会吃大亏。现在的情况已经发生了很大的改变，国家有专门的鉴定机构，拍卖行也必须在取得一定的鉴定证书后方能拍卖，所有这些，都给古字画收藏者提供了一定的投资保证。

字画投资要掌握如下技巧：

一、选择准确是关键

字画投资不像其他投资，可以从繁乱的报表中得到参考数据，要想掌握字画投资市场状况，只有靠多看、多问、多听，逐渐积累经验。投资人平时要常逛画廊，多与画廊的工作人员交谈，从中就会发现哪些画廊的制度较健全，哪些画家的创作力较旺盛，从而积累一定的信息，但切莫"听话买画"。字画的优劣往往是比较出来的，只要多听、多看、多问，自然就有判断的标准。

二、注意国际行情

字画在国际上大体可分为两大系统：代表西方系统的以油画为主；代表东方系统的则是中国字画。

投资人选择字画投资，必须要有国际公认的行情，并非在某个画展上，随便买几幅字画就认为是字画投资了。字画作品需要经过国际四大艺术公司拍卖认定才会有更高的价值，才会具有国际行情。这四大公司分别为苏富比、克里斯蒂、建德和巴黎 APT。这四大公司每年在全球各地拍卖高档字画，设定国际行情。

三、优质字画选购常识

字画投资需要一定的金钱，但更需要的是独到的眼光。特别是收藏古字画，更要通晓这方面的知识和行情。古字画按类而分，价值不等。

（1）从绘画与书法的价值来说，绘画高于书法。道理很简单，绘画的难度大于书法。

（2）从质地来说，比较完整没有破损，清洁如新，透光看没有粘贴、托衬者为上品；表面上看完好无损，仔细看有托衬，但作品的神韵犹存者为中品；作品系零头片纸拼成，背后衬贴处，色彩也经过补描，即使是名家之作，也只是下品。

（3）从内容来说，书法以正书为贵。比如王羲之的草书百字的价值只值行书一行的价值，行书三行值正书一行，其余则以篇论，不计字数。绘画以山水为上品，人物次之，花鸟竹石又次之，走兽虫鱼为下品。

（4）从式样来说，立幅高于横幅，纸本优于绢本，绫本为最小。立幅以高四尺、宽二尺为宜，太大或太小一般价值都不是很高；横幅要在五尺以内，横披要在五尺以外；手卷以长一丈为合格，越长价值越高；册页、屏条应为双数，出现单数则称失群；册页以八开算足数，越多越好；屏条以四面为起码数，十六面为最终数，太多则难以悬挂。

时代、作者名气、作品繁简、保存状况一般来说对古字画没有影响。按行情，宋代或宋代以前的作品，出自最著名几位大家的手笔，每件最低价在 10 万元以上。若作品完整、干净，内容又好，则可随交易双方自行议价，没有具体定价。元代以下作品价格稍低，但大名家的手笔最普通的也值几万元。

此外，带有名人题字、题跋，或曾有被著录、收藏的印鉴、证录的古字画，都有很高的价值。题字越多越好，一行字称一炷香。名人题跋则称为帮手。

至于近代字画，可以综合以下几点考虑：

（1）已成名的国内画家。推动近代美术发展的画家是目前身价最高的画家，如果以他们为重点，虽然需要的投资金额比较高，但是立即可以变现，风险较小。

（2）五六十岁的中坚画家，可就作品品质、价格、产量来评估。若其作品过去只有很少人收藏，则表示社会不易接受。

（3）风险最大的莫过于画价较低的年轻画家。虽然不必花费太多钱即可购得其作品，但其将来是否持续创作或成名，都会影响作品价值。

四、评价字画的方法

（1）有时代感。不论任何作品，一定要与社会和时代相符。若让现代人画一幅清朝的画，根本不可能反映那个时代的状况。

（2）有生命力。作品的生命力是从生动的线条中表现出来的，有灵性的作品就是有生命力的作品。

（3）自创一格。作品一定要有自己独特的风格，自成一家，模仿的字画是流传不了多久的。

中国字画的作者历来都以临摹为学习手段，技法崇尚古人，明清以来画风因循守旧，书法则因科举影响而盛行馆阁体。书画家都以模仿前辈名家为荣，形成一种潮流，坊间画店多有模仿名家之作。书画家如果没能入仕途，没有功名，一般地位都比较低微，生活贫困，即使自身技法高超也不得不有意模仿名家之作，以维持生计，当然也有为牟取私利专造赝品者。因此字画的鉴定辨别，非常困难，只有经验丰富的专家才可以胜任。

古代字画历来流传有一定规律，名家精品多为帝王、达官贵族所收藏，历朝均有著录记载。但后因历代朝政的更迭，连年战乱，字画损失很大。许多有记载的名品实际上已经失传，余下的多为国内外博物馆或私人美术馆收藏。民间流传的字画，经历了战争的劫难，几乎损失殆尽。因此古代名家精品在市场上流通量非常少。朝代越古、名气越大的名家，模仿其作品的人也越多。因此，对投资人来说，在投资古字画之前，若没有明确的专家鉴定，切不可以轻易投资。

现在在市场上流通的字画，大多数是近现代名家的作品。由于这部分作品中的精品市场价较高，且作者多已去世，因此收藏这些精品的机会比较少，所需资金与精力也比较大。虽然市场上有赝品充斥其中，但赝品与真品始终有距离，只要多请教专家、多看、多比较、多学习，就不难分辨其真伪。这些精品的投资虽大，但风险相对较小，是资金丰富的投资人的首选。

另外，目前在世的中青年画家作品许多已进入成熟期，其升值空间较大，此类作品是投资的重要选择。对投资人来说，投资这些作品需要的资金相对较少，但风险相对较大，回收期也较长。投资人要研究这些画家的经历、艺术轨迹和风格走向，评估其潜力和前景。投资人可以参照两个标准：一是学术标准，即其作品在国家权威艺术机构所举办的艺术活动中的学术地位和水准；另一标准是看其作品市场接受度、数量和质量，即收藏人数的多少。

▶ 理财圣经

字画投资有很多优点，但是笔者也要建议投资人在投资字画时，要理智一些，首先要看字画作品的艺术价值。对于那些知识储备较少的普通投资人，还是要谨慎入市，即使买到了合适的作品，如何找到合适的出手途径也是很重要的。

第六章　欠债还钱付息：
债券其实是块香饽饽

债券投资：取之于我，用之于我

有人戏称债券是理财的天堂，认为在众多的金融产品中，债券独受宠爱，是投资人眼中较为理想的投资对象，尤其是对那些厌恶风险的投资人来说，债券简直是最好的选择。

债券是国家政府、金融机构、企业等机构直接向社会借债筹措资金时，向投资人发行，并且承诺按规定利率支付利息，按约定条件偿还本金的债权债务凭证。

在众多投资工具中，债券具有极大的吸引力，投资债券主要有以下几个方面的优势：

一、安全性高

国债是国家为经济建设筹集资金而发行的，以国家税收为保证，安全可靠，到期按面额还本。债券利率波动的幅度、速度比较和缓，与其他理财工具如股票、外汇、黄金等比较风险最低，适合保守型的投资人。

二、操作弹性大

对投资人来说，手中拥有债券，当利率看跌时可坐享债券价格上涨的差价；当利率上扬时，可将手上票面利率较低的债券出售，再买进最新发行、票面利率较高的债券。若利率没有变动，仍有利息收入。

三、扩张信用的能力强

由于国债安全性高，投资人用其到银行质押贷款，其信用度远高于股票等高风险性金融资产。投资人可通过此方式，不断扩张信用，从事更大的投资。

四、变现性高

投资人若有不时之需，可以直接进入市场进行交易，买卖自由，变现性颇高。

五、可充作资金调度的工具

当投资人短期需要周转金时，可用附买回的方式，将债券暂时卖给交易商，取得资金。一般交易商要求的利率水准较银行低，且立即可拿到资金，不像银行的手续那么多。

六、可做商务保证之用

投资人持有债券，必要时可充作保证金、押标金。投资人以债券当保证金，在保证期间，仍可按票面利率计算。

基于上述种种优势，许多投资人都把目光聚集到债券身上，并且公认其为家庭投资理财的首选。

人们投资债券时，最关心的就是债券收益有多少。对于附有票面利率的债券，如果投资人从发行时就买入并持有到期，那么票面利率就是该投资人的收益。

但更多的债券投资人希望持有的债券拥有变现功能，这样持有人不仅可以获取债券的利息，还可以通过买卖赚取价差。在这种情况下，票面利率就不能精确衡量债券的收益状况。人们一般使用债券收益率这个指标来衡量债券的投资收益。

债券收益率是债券收益与其投入本金的比率，通常用年率表示。决定债券收益率的主要因素，有债券的票面利率、期限和购买价格。最基本的债券收益率计算公式为：

债券收益率＝（到期本息和－发行价格）／（发行价格 × 偿还期限）×100%

由于债券持有人可能在债券偿还期内转让债券，因此，债券的收益率还可以分为债券出售者的收益率、债券购买者的收益率和债券持有期间的收益率。各自的计算公式如下：

债券出售者的收益率 ＝（卖出价格－发行价格＋持有期间的利息）／（发行价格 × 持有年限）×100%

债券购买者的收益率 ＝（到期本息和－买入价格）／（买入价格 × 剩余期限）×100%

债券持有期间的收益率 ＝（卖出价格－买入价格＋持有期间的利息）／（买入价格 × 持有年限）×100%

通过这些公式，我们便很容易计算出债券的收益率，从而指导我们的债券投资决策。

▲ **理财圣经**

在众多令人眼花缭乱的金融投资品中，债券以其风险低、收益稳定和流动性强而成为投资者心目中较为理想的投资对象，尤其对于那些年龄较大、缺乏投资经验、追求稳健的投资者来说，债券更具有吸引力。

债券投资的种类

债券的种类繁多，且随着人们对融资和证券投资的需要又不断创造出新的债券形式，在现今的金融市场上，债券的种类可按发行主体、发行区域、期限长短、利息支付方式、发行方式、有无抵押担保、是否记名、发行时间和是否可转换分为九大类。

一、按发行主体分类

根据发行主体的不同，债券可分为政府债券、金融债券和公司债券三大类。

第一类是由政府发行的债券，称为政府债券，它的利息享受免税待遇，其中由中央政府发行的债券也称公债或国库券，其发行债券的目的都是为了弥补财政赤字或投资于大型建设项目；而由各级地方政府机构如市、县、镇等发行的债券就称为地方政府债券，其发行目的主要是为地方建设筹集资金，因此都是一些期限较长的债券。在政府债券中还有一类称为政府保证债券的，它主要是为一些市政项目及公共设施的建设筹集资金而由一些与政府有直接关系的企业、公司或金融机构发行的债券，这些债券均由政府担保，但不享受中央和地方政府债券的利息免税待遇。

第二类是由银行或其他金融机构发行的债券，称为金融债券。金融债券发行的目的一般是为了筹集长期资金，其利率也一般要高于同期银行存款利率，而且持有者需资金时可以随时转让。

第三类是公司债券，它是由非金融性质的企业发行的债券，其发行目的是为了筹集长期建设资金。一般都有特定用途。按有关规定，企业要发行债券必须先参加信用评级，级别达到一定标准才可发行。因为企业的资信水平比不上金融机构和政府，所以公司债券的风险相对较大，因而其利率一般也较高。

二、按发行的区域分类

按发行的区域划分，债券可分为国内债券和国际债券。国内债券，就是由本国的发行主体以本国货币为单位在国内金融市场上发行的债券；国际债券则是本国的发行主体到别国或国际金融组织等以外国货币为单位在国际金融市场上发行的债券。如最近几年我国的一些公司在日本或新加坡发行的债券都可称为国际债券。由于国际债券属于国家的对外负债，所以本国的企业如到国外发债事先需征得政府主管部门的同意。

三、按期限长短分类

根据偿还期限的长短，债券可分为短期、中期和长期债券。一般的划分标准是指期限 1 年以下的为短期债券，在 10 年以上的为长期债券，而期限在 1 年到 10 年之间的为中期债券。

四、按利息的支付方式分类

根据利息的不同支付方式，债券一般分为附息债券、贴现债券和普通债券。附息债券是在它的券面上附有各期息票的中长期债券，息票的持有者可按其标明的时间期限到指定的地点按标明的利息额领取利息。息票通常以 6 个月为一期，由于它在到期时可获取利息收入，息票也是一种有价证券，因此它也可以流通、转让。贴现债券是在发行时按规定的折扣率将债券以低于面值的价格出售，在到期时持有者仍按面额领回本息，其票面价格与发行价之差即为利息；除此之外的就是普通债券，它按不低于面值的价格发行，持券者可按规定分期分批领取利息或到期后一次领回本息。

五、按发行方式分类

按照是否公开发行，债券可分为公募债券和私募债券。公募债券是指按法定手续，经证券主管机构批准在市场上公开发行的债券，其发行对象是不限定的。这种债券由于发行对象是广大的投资人，因而要求发行主体必须遵守信息公开制度，向投资人提供多种财务报表和资料，以保护投资人利益，防止欺诈行为的发生。私募债券是发行者向与其有特定关系的少数投资人为募集对象而发行的债券。该债券的发行范围很小，其投资人大多数为银行或保险公司等金融机构，它不采用公开呈报制度，债券的转让也受到一定程度的限制，流动性较差，但其利率水平一般比公募债券要高。

六、按有无抵押担保分类

债券根据其有无抵押担保，可以分为信用债券和担保债券。信用债券亦称无担保债券，是仅凭债券发行者的信用而发行的、没有抵押品作为担保的债券。一般政府债券及金融债券都为信用债券。少数信用良好的公司也可发行信用债券，但在发行时须签订信托契约，对发行者的有关行为进行约束限制，由受托的信托投资公司监督执行，以保障投资人的利益。

担保债券指以抵押财产为担保而发行的债券。具体包括：以土地、房屋、机器、设备等不动产为抵押担保品而发行的抵押公司债券、以公司的有价证券（股票和其他证券）为担保品而发行的抵押信托债券和由第三者担保偿付本息的承保债券。当债券的发行人在债券到期而不能履行还本付息义务时，债券持有者有权变卖抵押品来清偿抵付或要求担保人承担还本付息的义务。

七、按是否记名分类

根据在券面上是否记名的不同情况，可以将债券分为记名债券和无记名债券。记名债券是指在券面上注明债权人姓名，同时在发行公司的账簿上作同样登记的债券。转让记名债券时，除要交付票券外，还要在债券上背书和在公司账簿上更换债权人姓名。而无记名债券是指券面未注明债权人姓名，也不在公司账簿上登记其姓名的债券。现在市面上流通的一般都是无记名债券。

八、按发行时间分类

根据债券发行时间的先后，可以分为新发债券和既发债券。新发债券指的是新发行的债券，这种债券都规定有招募日期。既发债券指的是已经发行并交付给投资人的债券。新发债券一经交付便成为既发债券。在证券交易部门既发债券随时都可以购买，其购买价格就是当时的行市价格，且购买者还需支付手续费。

九、按是否可转换分类

按是否可转换来区分，债券又可分为可转换债券与不可转换债券。可转换债券是能按一定条件转换为其他金融工具的债券，而不可转换债券就是不能转化为其他金融工具的债券。可转换债券一般都是指的可转换公司债券，这种债券的持有者可按一定的条件根据自己的意愿将持有的债券转换成股票。

▲ **理财圣经**

掌握债券投资的种类，有助于你合理地分析、比较各种债券的优劣，从中找到符合自己需求的债券。

债券投资的三大原则

在决定投资债券时，应该遵循的以下原则：

一、安全性原则

虽然投资债券是较安全的投资方式，但这是相对的，其安全性问题依然存在，因为经济环境不断变化、经营状况不尽相同，债券发行人的资信等级也不是一成不变的。就政府债券和企业债券而言，政府债券的安全性是绝对高的，企业债券的安全性远不如政府债券，仍然有违约的风险，尤其是企业经营不善甚至倒闭时，偿还全部本息的可能性不大。不过抵押债券和无抵押债券不同，有抵押品作为偿债的最后担保，其安全性就相对要高一些。可转换债券可随时转换成股票，作为公司的自有资产对公司的负债负责并承担更大的风险，安全性要高一些。

从安全性的角度出发，债券投资过程中可以运用组合投资理论来进行分散化投资，以便有效地降低投资中的风险，增加投资收益。分散化投资可以将资金分散投资在不同期限的债券上，或将资金分别投资于多种债券上，如国债、企业债券、金融债券等。

二、流动性原则

流动性原则是指收回债券本金的速度快慢。债券的流动性强意味着能够以较快的速度将债券兑换成货币，同时以货币计算的价值不受损失；反之则表明债券的流动性差。影响债券流动性的主要因素是债券的期限，期限越长流动性越弱，期限越短流动性越强。不同类型债券的流动性是不同的，如政府债券，在发行后就可以上市转让，故流动性强。企业债券的流动性往往就有很大差别，对于那些资信卓著的大公司或规模小但经营良好的公司，他们发行的债券其流动性是很强的；反之，那些规模小、经营差的公司发行的债券，流动性要差得多。除了对资信等级的考虑之外，企业债券流动性的大小在相当程度上取决于投资人在买债券之前对公司业绩的考察和评价。

三、收益性原则

获取利润就是投资人投资的目的，谁都不希望投了一笔血本后的结果是收益为零，只落得个空忙一场，当然更不愿意血本无归。

从收益上来说，短期收益率一般受市场即期利率、资金供求的影响较大，而长期收益率则要受未来经济的增长状况、通货膨胀因素、流动性溢价和未来资本回报率等不确定性因素的影响。

国家（包括地方政府）发行的债券，是以政府的税收作为担保的，具有充分安全的偿付保证，一般认为是没有风险的投资；而企业债券则存在着能否按时偿付本息的风险，作为对这种风险的报酬，企业债券的收益性必然要比政府债券高。当然，这仅仅是其名义收益的比较，实际收益率的情况还要考虑其税收成本。我国目前上市企业债券的信用等级没有拉开，因而收益率也没有拉开，但相对于国债来说，企业债券已体现了一定的信用等级差异以及相应的收益率差异，因此在投资企业债券的时候还应该注意这一点。

根据以上原则，投资人在进行债券投资前要考虑各方面因素，包括信贷评级、利率与年期之间的关系、债券价格与孳息率之关系、债券的流通性、债券的发行条款及市场宏观因素等。

在衡量有关债券投资的风险时，可参照一些国际评级机构对个别债券发行人的信贷评级。假设其他因素不变，信贷评级较高的债券所给予的孳息率一般会较低。

例如，债券的年期越长，风险越大，投资人也就会要求更高的利息回报作为弥补。假设其他因素不变，年期越长，债券的利率越高。

除此之外，在投资时，投资人还应考虑自身整体资产与负债的状况以及未来现金流的状况，达到收益性、安全性与流动性的最佳组合。

◢ 理财圣经

　　投资债券既要有所收益，又要控制风险。为了最大化投资收益，最小化投资风险，投资人应谨遵债券投资的三大原则。

债券投资中的风险

试问,在投资的一切形式里,能没有"风险"这两个字么? 不能,所以，你就不要妄想投资债券能为你规避所有的风险。从某种角度看，实际上，世界上没有不存在风险的事物。

债券，作为一种金融投资工具，它的风险主要有以下几种：

一、利率风险

利率风险是指利率的变动导致债券价格与收益率发生变动的风险，这主要与国家的宏观经济调控有关系。一般利率同债券价格呈相反的运动趋势：当利率提高时，债券的价格就降低；当利率降低时，债券的价格就上升。

为了减小这种风险带来的损害，你应当在债券的投资组合中长短期配合。不论利率上升或者下降，都有一类可以保持高收益。

二、价格风险

债券市场价格常常变化，若其变化与投资人预测的不一致，那么，投资人的资本将遭到损失。这点，就是债券本身带有的风险。要规避它，就只能靠投资人的眼光和长远的谋划。

三、违约风险

在企业债券的投资中，企业由于各种原因，比如管理不善、天灾人祸等，可能导致企业不能按时支付债券利息或偿还本金，而给债券投资人带来损失的风险，这就存在着不能完全履行其责任的可能。

为了减少这种风险，投资人在投资前，不妨多了解一下公司经营情况，再参看一下相关部门对企业的信用评价，然后做决策。

四、通货膨胀风险

债券发行者在协议中承诺付给债券持有人的利息或本金的偿还，都是事先议定的固定金额。当通货膨胀发生时，货币的实际购买能力下降，就会造成在市场上能购买的东西相对减少，甚至有可能低于原来投资金额的购买力。

对于这种风险，你最好在投资国债时，也投资一些其他的理财项目，如股票、基金等。

五、变现风险

变现风险是指投资人在急于转让时，无法以合理的价格卖掉债券的风险。由于投资人无法找出更合适的买主，所以就需要降低价格，以找到买主。为此他就不得不承受一部分金钱上的损失。

针对这种风险，你最好尽量选择流动性好的、交易活跃的债券，如国债等，便于得到其他人的认同，也可以在变现时更加容易。

六、其他风险

（1）回收性风险。有回收性条款的债券，因为它常常有强制收回的可能，而这种可能又常常发生在市场利率下降、投资人按券面上的名义利率收取实际增额利息的时候，投资人的预期收益就会遭受损失。

（2）税收风险。政府对债券税收的减免或增加都会影响投资人对债券的投资收益。

（3）政策风险。指由于政策变化导致债券价格发生波动而产生的风险。例如，突然给债券实行加息和保值贴补。

◀ **理财圣经**

债券投资须谨记：即使是在最安全的地方，也有风险。

典当理财：

在斗智斗勇中积累财富

典当融资知多少

典当虽然起源久远，但是因为它的灵活方便，简单快捷，为了应付小额融资、周转资金，现代的人们，不管是个人还是企业，都会选择典当融资而非银行抵押贷款。那么，你对典当融资又知道多少呢？

一、不是所有的东西都可以典当的

按照规定，只要来源合法、产权明确，可以依法流通的有价值物品或财产权利，而且必须是典当人有权处置、能保存并可以转让的生产生活资料都可以典当。但不同典当行具体开展的业务有不同，对典当物的要求也会有所不同。一般来讲，房产、股票、企业债券、大额存单、车辆、金银饰品、珠宝钻石、电子产品、钟表、照相机、批量物资等都可以典当。个人金银饰品必须带有本人身份证明，其他物品还需具有发票。企业性质的应提交经营执照，当事人的产权证明。与古时候的当铺不同的是，现代典当行一般不收旧衣服，像猫、狗、猪、牛、羊之类的活物也是不能够典当的。

二、典当融资的业务不同，办理的手续也是不同的

总体来说，典当融资业务办理手续的基本流程可简单归纳为交当、收当和存当三个板块，具体操作程序如下：

（1）申请典当融资人出示自己的有效证件和自己的用于典当的物品。

（2）典当商行审核申请，并对当物进行鉴定。

（3）双方约定评估价格、当金数额和典当期限并确认法定息费标准。

（4）双方共同清点当物，并且封存，交由典当商行进行保管。

（5）典当商行向申请典当融资人出具当票并发放当金。

以上是所有的典当融资业务都需要的手续办理程序，但是，不同典当业务需要提供的证件和办理的手续是不一样的：

（1）民品典当：民品就是指金银、珠宝、钻石、电子产品、钟表、照相机等。办理民品典当需要提供本人身份证原件和民品的发票。进行民品典当的时候可以适当提高当价。

（2）房产典当：办理房产典当需要提供本人身份证、本人户口本、本人的房屋所有权证、土地使用证等。典当商行需要到现场查看房产，然后进行评估。

（3）股票典当：办理股票典当需要提供本人身份证、深沪股东账户卡，而且需要办理签约监控。

（4）车辆典当：办理车辆典当需要提供本人身份证、汽车的有关证件。

（5）物资典当：办理物资典当需要提供本人身份证以及相关的财产证明。

三、典当融资不是你想当多久就当多久的

根据典当行管理办法有关规定，典当时间最短为 5 天，不足 5天按 5 天计算，最长期限为 6 个月。典当到期后，5 天内，客户可以选择续当，也可以根据自己需要选择赎当。最好及时赎当，期满后赎当实在有困难的还可以续当，但是，续当的时间越长，所要支付的综合手续费就越多，所以，当期不宜过长。如果预期不赎当或续当而成为绝当之后，如果你的当物估价金额不足 3 万元的，典当行就可以自行变卖或折价处理，损益自负；如果你的当物估价金额是在 3 万元以上的，就可以按《中华人民共和国担保法》有关规定处理，也可以双方事先约定绝当后由典当行委托拍卖行公开拍卖。拍卖收入在扣除拍卖费用及当金本息后，剩余部分应当退还当户，不足部分向当户追索。

四、典当融资不等于出卖东西

典当融资主要是以动产、不动产、权利质（抵）押为基础的短期贷款，它不是把东西卖给典当商行，当金并不等于所当物品的价格。当金一般为物品二次流通价的 50%～80%，二次流通价不是商品原来的售价，它低于实物价值。其实，当金少，当户并不吃亏。因为相对应的还款也少，当户的压力也就小很多。

五、典当融资并不是要得越多越好

典当融资的收费标准由国家统一规定，每个月需要支付一定的综合手续费，借得越多，交得也就越多。所以，典当融资并不是要得越多越好。典当费用包括当金利息和综合费用两部分。当金利率按中国人民银行公布的银行机构同档次法定贷款利率及浮动范围执行；综合费用包括各种服务及管理费用，综合费用遵照国家的政策和金融法规制定，在支付当金时一次性扣收。对于借贷者——尤其是高额借贷者来说，这也是一笔可观的费用。所以，

不要以为自己的东西值钱而漫天要价。

房产典当巧融资

由于现在的房价很高，买了房子就不能融资，卖了房子又没有家，让很多人都为之头痛。但是，如果能够巧妙地利用房子典当融资，就可以让你既可以拥有房子，又可以融资。

房屋典当融资是变现资金最快的方式之一，如果你有急需用钱的时候，你可以考虑采取这样的方式去筹集金钱。

一、申请置业融资业务

申请置业融资业务是在你想买第二套房子，但是手头的资金不够，而你又不想卖掉自己的第一套房子的时候比较适用。办理业务的时候，你只需要向典当行提供自己旧房子的房产证和自己要购买的新房子的购房合同、首付款的支付凭证。如果典当行审核之后，没有问题，你就可以办理融资手续了。在这期间，你还可以用新房向银行办理按揭贷款。这样，客户就可以在保持自己的正常生活的同时可以顺利购买到一套新的房子，而且，还可以避免因为急需用钱而把原来的房子贱价出售所带来的损失。不过，在申请置业融资业务之前，最好自己做一下市场调查，评估一下自己的旧房子到底值多少钱，将如果贱卖所带来的损失与办理这项业务需要付出的综合服务费作一个比较，看看申请这个置业融资业务能不能给自己带来利润。

那么，申办了这项置业融资业务之后如何让还款呢？有3种方式：

（1）如数还款。

（2）委托中介将旧房挂牌出售，然后用出售旧房所得的房款抵充自己的借款。不过你要知道，选择这个方式还款需要付给中介一定的佣金。

（3）委托拍卖行将旧房公开拍卖，然后将拍卖后所得的房款抵充自己的借款。而选择这个方式还款你需要付给拍卖行一定的佣金。

二、申请按揭再融资业务

申请按揭再融资业务是在你想把在银行抵押贷款而变成"不动产"的房子充分利用起来，但是自己又没有能力一次性付清银行的贷款时比较适用。办理业务时，你需要向典当行提供自己通过按揭购买房子的相关资料和自己还有其他房屋的证明。如果典当行审核之后，认为没有问题，你就可以办理按揭再融资业务手续。办理手续的时候，你还需要与典当行和中介机构签订三方协议，就是签订借款有回购约定的按揭方买卖行为约定。还要与中介机构签订房屋买卖合同，以防止自己到期后无法还款需要出售你的房子。之后，典当行会出资帮你把银行的贷款提前还清，这样就可以得到你原来抵押在银行里的房屋产权，而你也可以在可履约赎回的前提下完成抵押融资。这样你就可以将按揭房产上市交易，使原来呆滞的"不动产"真正地动起来，而且，还贷融资的过程也很方便、快捷，不会影响自己的房产过户手续的办理。

那么，如果到期不能还款的情况下，你的房屋会怎么处理呢？这个时候，你之前与房屋中介机构签订的房屋买卖合同就会自动生效，你的房子将由中介机构按约定的价格收购。所以，如果自己还不愿意出售自己的房子，那就要努力在三个月之内筹齐资金，把贷款还完。

三、申请置换回购业务

申请置换回购业务是比较适合那些拥有不可售花园洋房、公寓、新里、旧里的居民。如果你正好也拥有这样一套不可以销售的房屋，你就可以通过申请置换回购业务，将承租权进行转让从而达到融资的目的，以此获得一个投资的良机。申请置换回购业务，你需要向典当行提供你的租用公房凭证、身份户籍证明、同住人同意书和其他的房屋证明。如果典当行审核之后，通过了你的申请，你就可以办理置换回购业务了。在办理置换回购业务的时候，你必须要与典当行和中介公司签订置换回购合同，并且还要与中介公司签订住房承租权的转让合同。这样，你就开拓了自己的置业理财的通道。而且，置业回购业务也开创了一个全新的利用房屋承租权进行融资的模式，为人们的融资提供了便利。

借款期满之后，你如果能够按照合约进行回购的话，你就可以办理房屋承租权过户返还手续；但是，如果你无法履约回购的话，你的房产的处置权就会归为中介公司了，所以，你要权衡清楚自己的还贷能力，否则还是不要借贷过大的金额为好。

所以，不要再为自己手中的形如鸡肋的不动产而伤脑筋，你完全可以利用典当行进行融资，为自己创造良好的投资机会。

◢ 理财圣经

在做房屋质押典当时，需要带上相关房产证明、国有土地使用权证原件以及身份证原件和户口簿原件等，典当行受理以后作出估价，再到房管局办理相关手续以及公证。

典当让你"只进不出"

如果你能够算好你的资金周转的周期，你就可以利用典当让你的资金周转更加灵活，因为典当可以让你"只进不出"。

王先生曾在北京的一个拍卖会上，以300万元的总价拍下了一座200平方米的复式房产。而这次拍卖会的房源都是来自司法委托，这样的拍品，即使你拍到了，没有付齐款项是无法结案的。那么王先生是如何在这么短的时间里付清所有的成交价款的呢？原来王先生是把他原来的一套产权房到典当行进行房屋典当融资，以此获得了这次的拍卖款。

王先生通过典当把一套房变成了两套房，盘活了存量资产，而他自己付出的代价又相对较小，原来的房子自己还可以继续住，又拥有了新的一套房。由此可见，典当确实可以让你"只进不出"的。

那么，还有哪些典当方式可以让你"只进不出"呢？

一、汽车典当——多了资金，车还一样开

方强自己开了一家开发软件的公司，但由于经营效益不太好，最近有一个项目急需款项，也没有得到银行贷款批准，资金周转不过来，而这个项目对方强来说又非常重要，于是，方强把自己的那辆奥迪开进了典当行。第二天，他就拿到了自己需要的40万元当金，而且还是开着自己的奥迪上班。

其实，现在已有越来越多的中小企业主和个人，像方强这样用汽车做抵押以解自己的燃眉之急。因为以前的汽车典当之后是要被作为抵押物封存在专门的车库，自己不能够再自由使用的，一直到偿还当金解除典当合同那天才能赎回自己的车辆。所以，也许还有人不知道现在的汽车典当不必封存亦可典当这种全新的

操作方式。这种方式的推出为那些拥有车子而又急需资金周转的融资者带来了极大的便利。

要想办理这种操作方式的汽车典当，只需要带齐典当机动车的全套手续，包括自己所要典当的机动车的购车发票、购车附加费证及附加费发票、行车执照、养路费交纳证明、验车合格证和保险凭证，如果是以企业的名义申请典当的话，还需要提供企业营业执照副本和法人代码证书，私家车就需要提供与行车执照相应的个人身份证、车辆过户变更表，就可办理了。办理这种典当最迟不超过两天就可以拿到自己所需要的资金，每月按典当金收取一定的费用，当期一般最长的是半年，到时还可以办理续当。

二、房产典当——有了救急资金，还可以住在自己的家里

陈红的丈夫出了车祸急需手术费 10 万元。一时不知如何在短时间内筹措到这笔应急资金，陈红急得不知如何是好。有位朋友向她支了一招，让她去申请房产典当。当她知道现在进行房产典当之后，自己还是可以住在自己的家里，便将自己正在居住的一套二室户房子进行了典当。从踏进典当行的大门到钱款入账，陈红只花了短短 2 天的时间。

陈红进行了房产典当，按照以往的要求，申请房产典当以后，当户必须要在当期内搬出那间房屋。但是现在陈红仍然可以住在自己的家里，这样自己的生活不需要作任何改变，还可以轻轻松松地筹到丈夫的手术费。

要办理这种房产典当，需要向典当行提供房产的所有资料，如房产所有权证、土地使用证、契税证、购房发票、房产所有人（共有人）的身份证、户口本等资料，经典当行审核通过之后，由典当行实地看房并由双方协商确定典当价格，签署房产典当贷款合同和房产抵押合同，办理公证，在完成抵押登记手续并拿到各项

权证后,即可发放典当贷款。这些程序一般在 3 天之内就可以办妥,每个月需要交纳一定的综合服务费,此外还要承担评估费、保险费等一些必要的手续费用。这种房产典当当期一般是 1 ~ 6 个月,期满之后可以续当。

三、股票典当——多了周转资金,股票一样可以买进卖出

刘宁炒股已经十年了,之前一直在一家软件公司当程序员,但总觉得给别人打工的生活过得很不自由,总想自己成立一个公司,自己当老板。但是自己的钱都被投到股票里头了,而且所持的那只股势头很不错,他也舍不得把钱抽出来。今年年初,他听说沪上典当行推出了一种不限投资用途的股票典当,在典当期间,仍然可以为自己的股票买进卖出。他就用自己证券账户中市值共计 200 万元的股票作为抵押,向典当行贷款了 25 万元成立了一家软件科技公司。现在,公司已经有了一笔不错的收入。

刘宁利用手中的股票到典当行融资,得到开办公司的款项,股票还可以买进卖出,感觉股票还是自己的,自己一点付出都没有,就可以轻而易举地开办了软件公司。但是,像刘宁这样利用股票典当所得资金去做其他投资的人还不多,因为还有很多人不知道有这项典当业务的存在。

办理股票典当相对来说比较复杂,客户将其股票质押给典当行时,典当行会对股票进行选择和评估,所贷款额一般只有股票市值的 50%。客户必须与典当行签订合同,将股票转托管到与典当行合作的证券公司营业部的账户上,这个账户处于半冻结状态,客户仍可自由操作自己的股票,但合同到期前,不能取走账上的钱。为了控制风险,典当行一般都会在协议中加入平仓条款,即当典当者在专有账户中的股票市值达到一定的警戒线时,典当行有权委托证券公司将其股票强行平仓。申办这种典当业务的当天就可

以拿到自己的当金，相当便利。当期过了以后也可以续当。

所以，不要把典当想得那么可怕，如果自己选对典当投资，典当是可以让你"只进不出"的。

利用典当来盘活资金，这样你就可以拥有更多的机会来进行投资，或者解决当前的资金问题。

典当淘宝有窍门

现在，越来越多喜欢从事艺术投资的人把眼光从传统的收藏市场转到了典当行，因为在典当行中，并不是所有的当物都能够被赎回，总会有一些押品成为死当，所以典当行就成了这些人淘宝的理想场所。

在典当行中的绝当物品是可以拿出来出售的，所以，你会在很多典当行的柜合中发现很多名贵的二手物品，例如翡翠观音玉坠、劳力士手表、新款手机、钻戒、还有数码摄像机等，虽然它们都是二手货，但是这些东西的质量却一点儿不差，有的外表还跟新的一样，有的甚至还附有发票，所以还是很值得淘回去的。但是，由于里面的东西鱼龙混杂，也不是所有的东西都是有价值的东西，要想淘到真正有价值的东西也是不容易的，所以在你淘宝的时候就需要掌握点窍门。

一、平时多关注二手市场行情

一般来说，二手商品的估价主要是根据物品的新旧程度、款式、版批等各种因素综合评价的，所以你在淘宝的时候，一定要自己综合评估自己所感兴趣的商品所值的价格，再对比典当行的估价，看看是否值得购买。因为在典当行中的二手货的价格，有的降幅可能会大一点，而有的只比原价便宜一点点，甚至有些商品比它的原价还贵，比如周年纪念邮票，当初买它的时候可能只需要几千元，可是现在它在二手市场的行情值3万元，那么，典当行在出售的时候就会按照现在的二手市场的行情出售这套邮票，所以，在典当行中淘宝时，一定要关注二手市场的行情，确保自己能够对典当行中的"宝物"作出正确的估价。

二、平时多看自己喜欢收藏的艺术品的鉴赏资料

虽然典当行在最初收当的时候，都会对抵挡物品进行非常仔细的鉴定，但是也不能确定他们收的东西都是正品，不能保证他们就没有看走眼的时候。如果你一点鉴赏能力都没有，对典当行采取百分百的信任态度，你就会因为他们偶尔的误收，或者鉴定错误，把假货当成真品而吃亏。所以，在平时，你就要经常关注自己喜欢的艺术品的鉴赏资料，以培养自己对物品的鉴赏能力，防止自己在典当行里淘宝的时候吃亏受害。

三、平时经常到附近的典当行走动走动

如果典当行的业务做得比较好的话，他们每天都会有大量的收当业务，各种当物的交易是十分频繁的。他们总是想方设法把已经成为死当的物品尽快脱手，以减少这些死当物品占用资金的时间。所以如果你不想错过典当行有收藏价值的东西，你就必须要经常到典当里去走动走动。最有效的方法是与典当行搞好关系，让他们有什么"宝物"要出售就及时通知你。这样，你就可以及时掌握信息，抓住转瞬即逝的宝贵的投资机会。

四、一定要讨价还价

因为典当行的利润主要由综合服务费和贷款利息这两大块组

成，他们一般不指望在绝当品销售上赚到多少钱，因此在收当时是按估价的一定比例打折后发放贷款的，出售当品时典当行一般是先考虑收回成本和利息，然后再考虑适当赢利。所以你完全可能通过讨价还价淘到尽可能便宜的宝贝。

如果你能做到以上几点，那你在典当行中淘宝时是不可能吃亏的。但是，鉴赏能力这种技能并不是每个人都能够培养出来的，但是也不用因为自己没有这方面的能力而失去这么有魅力的淘宝市场。其实只要你在购买死当物品的时候不要只光想着便宜，多用点心在商品的质量上就可以了。这里有一个小窍门，就是在购买绝当品时要求典当行提供该物品的发票，如果是黄金、钻石等珠宝饰品，除了要发票之外，还要向典当行要求提供鉴定书。在挑选一些小家电以及数码产品的时候，因为有些产品保修可能会比较麻烦，因此最好自己有一些相关知识或者请一些比较懂行的人帮自己参谋。

总之，在典当行中淘宝是有一定的窍门的，一定要以谨慎为主，别忘了讨价还价。

▲ 理财圣经

在购买绝当物品时一定要选择正规的典当行，千万别一时冲动，被低廉的价格迷惑了双眼。

第四篇
把钱用在该用的地方

理性消费，

花好手中每一分钱

一定要控制住你无穷的购买欲

一走进商场，看到琳琅满目的商品，我们的理智很可能便开始不听使唤了，一款时尚的手机，一个可爱的布娃娃，一串好看的风铃，甚至是一堆根本不需要的锅碗瓢盆都会被我们一股脑地搬回家。事实上，这些买回家的东西有的半年也不见得会用上一次，结果不仅霸占了空间，而且浪费了钱财。

小莉最近要搬家，在整理屋子时，居然找出了9个基本没用过的漂亮包包，和12双只穿过两三次的鞋，有的鞋连商标都还在。这些东西"重见天日"的时候小莉自己都很惊讶，她根本记不清自己何时买了这些东西，就更谈不上使用它们了。其实这些东西大多是小莉一时冲动买下的，有时是经不起店员甜言蜜语的劝说，有时是受不了商家打折的诱惑，还有时是自己看走了眼……买回来之后，她却发现这些物品没有什么用武之地，所以只好将它们"打入冷官"，然后渐渐遗忘了。虽然现在扔掉这些物品小莉觉得确实可惜，不过为了减少搬家的负担和节约空间，也只好如此了。

其实，有不少人会买一些根本用不着的东西，比如不断地买各式各样的本子，但发现几乎没有几个用得上，全是用来"展览"的。时间长了，这些不必要的开支就很容易造成自己的、家庭的"财政危机"。大部分人都做过明星或者贵族梦，可现实生活中他们既不是明星大腕，也不是富有的贵族，所以并没有大把的钱财供自己挥霍，还是要学会控制自己的购买欲，节省开支。

（1）业余时间尽量少逛街，多读书看报，学习专业技能，这样既可以起到节流的作用，也能为开源做好准备。如果需要上街买东西，在逛街之前先在脑子里盘算一下急需购买的东西，用笔记下来，然后只买计划好的东西。尽量缩短逛街时间，因为在街上、在商场里逛的时间越长，越容易引起购买物品的欲望，最好是速战速决，买到急需的物品后，立即打道回府。

（2）逛街时最好找个人陪同，特别是购买衣服时，不要听导购员夸你几句漂亮、身材好之类的话就晕头转向，立即掏腰包买下不合适的衣服。要多听听同伴的意见，当然自己也要有主见，不要一时耳根软，买回家后只能让衣服压箱底，造成不必要的浪费。

意志比较薄弱的人不要陪朋友购物，因为这种人在陪购时，往往经不住商品的诱惑，朋友没动心，自己反倒买回一堆不需要的东西。对打折的物品或大甩卖、大减价的商品，购买之前一定要三思，不要因为价钱便宜就头脑发热，盲目抢购。因为这些物品往往样式过时或在质量上存在一些问题，买回来后使用寿命不长，反而得不偿失。

（3）心情不好的时候也千万不要上街购物。以发泄的心态购物，待情绪稳定以后，一定会追悔莫及。喜欢上某物品，先不要着急购买，克制一下迫切需要的心态。冷静几天后，如果还是想买，热情丝毫未减，这时再做购买的打算也不迟。

（4）做好消费计划。好多人买东西缺乏计划性，常在急需的时候才匆匆忙忙跑进商店买东西，结果根本来不及选择、比价；当季的衣服一上柜就掏腰包，以至于买到的永远都是高价货。买东西总喜欢零零星星就近购买，费时费力，还常花冤枉钱。做好消费计划可是一门学问，细到不能再细才好，包括购物时机和地点，再配合时间性或季节性，就会省下不少开销。比如，你可以把每一段时间需要的东西列一个清单，然后一次性购买，不仅省时，而且利于理性消费。还要尽量减少购物次数，因为货架上琳琅满目的陈列品很容易让你的购买欲一发不可收拾，结果便是无限量超支。

▲ 理财圣经

购买欲是造成我们"财政危机"的主因，所以我们要通过少逛街、做好消费计划等方面着手节省开支。

只买需要的，不买想要的

现在的商品琳琅满目、种类繁多，精明的商家又花样百出，喜欢用大幅的海报、醒目的图片和夸张的语言吸引你，时时采取减价、优惠、促销等手段，有时特价商品的价格还会用醒目的颜色标出，并在原价上打个 ×，让你感到无比的实惠。这让很多人都在这种实惠的假象中误把"想要"当"需要",掏钱购买了一大堆对自己无用的东西。

如果你面对诱惑蠢蠢欲动,但是又发现物品的价钱超出你的承受能力,那么你应该分析"想要"和"需要"之间的差别,并在购物时提醒自己要坚持一个原则,那就是只买需要的,不买想要的。

把钱和注意力集中在有意义的或是有用的东西上才值得,如果是真的需要,那么可以在其他支出方面节省一些,在你的预算范围内,还能抽出钱来购买所需的东西;如果只是单纯的"想要",想一想那些因你冲动购买而仍被置冷宫的物品吧,你还要再犯相同的错误吗?

其实,人们对物品的占有欲与对物品的需求没有什么关联,你可能并不是因为需要某样东西才想去拥有它。此时不妨先冷静一下,转移注意力,当你隔几天再回头看时,说不定发现你已经不想要那个东西了。这样,尽管你买的东西比想要的少,但是能收益更多,并逐渐养成良好的消费习惯。

圣地亚哥国家理财教育中心提出了"选择性消费"的观念,就像下列情况,你不应该对自己说:"我该不该买这东西?"而应该问:"这东西所值的价钱,是不是在我这个月的预算内?是否正是我所要花的钱?"换句话说,你要问问自己,这东西到底是不是必须得买的,而不是仅仅告诉自己这笔钱能不能花。

不要误以为这种选择性消费很简单,其实它并不简单,需要我们不断地练习。首先你要给自己一些选择,先列出物品的优先顺序,然后再列出一个购物清单。问问自己,用同样的金额,还可以购买哪些东西?至少去比较三个不同商品的价格、服务和品质,你将会看到什么事情发生?你的消费是可以掌控的,你要远离错误的习惯、冲动或者是广告,你将能够购买真正想要的东西。

如果养成了这个习惯，就能够聪明地消费，并存下省下来的钱。

在你养成选择性消费的习惯之前，必须先知道怎么处理你的金钱。通常人们在还没改变消费习惯之前，是不会开始储蓄的。除非你能增加所得，否则要多存一点，就必须少吃一点。为了克服花钱随心所欲的习惯，首先在消费前先问自己几个必要的问题：

一、为什么要买

一般说来，月收入首先要保证生活开支，而后才能考虑发展消费与享受消费。杜绝攀比跟风要贯彻始终，否则，以人之入量己之出，势必使消费结构偏离健康态势，导致捉襟见肘。任何一个人在添置物品之前，尤其是购买那些价值较高、属于发展性需要的大件时，总是会郑重地权衡一下是否必须购置，是否符合我们的需求，是否为我们的经济收入和财力状况所允许。

二、买什么

从生存需求来看，柴米油盐等属于非买不可的物品；从享受性需求来看，美味可口的高档食品、做工考究的精美服饰要与自己的经济实力挂钩；从发展性需求来看，音响是否高级进口、彩电是否超平面屏幕、沙发是否真皮等，虽是生活所需，但也并非"必需"，孩子的教育开支则应列入常备必要项。因此，添置物品应该进行周密的考虑，切不可脱离现实，盲目攀比，超前消费。

三、什么时间去买

买东西选择时机是十分重要的。如在夏天的时候买冬天用的东西，冬天时买夏天用的东西，反季购买往往价格便宜又能从容地挑选。有时有的新产品刚投入市场，属试产阶段，往往质量上还不够稳定，如为了先"有"为快或为了赶时髦而事先购买，就有可能带来烦恼和损失。不急用的物品，也不要"赶热闹"盲目消费，不妨把闲散的钱存入银行以应急，等到新产品成熟或市场饱和时再购买，就能一块钱当作两块钱花，大大提高家庭消费的经济效益。

四、到什么地方去买

一般情况下，土特产品在产地购买，不仅价格低廉，而且货真价实；进口货、舶来品在沿海地区购买，往往比内地花费要少。即使在同一地方的几家商店内，也有一个"货比三家不吃亏"的原则。购物时应多走几家商店，对商品进行对比、鉴别，力争以便宜的价格买到称心的商品，只要不怕费精力、花时间。

花钱没有错，花钱可以买到你需要的东西，可以让你充会享受人生。但也不要随心所欲地挥霍，在花钱时先问自己一些问题，时常保持清醒的头脑，从自己的具体情况出发，有选择性地消费，这样，你会享受到更多花钱的乐趣。

◤ 理财圣经

面对多种商品以及打折、广告的诱惑，要想控制好蠢蠢欲动的购买欲，就得分析"想要"和"需要"之间的差别，只买需要的，不买想要的。

只买对的，不买贵的

一个穷人家徒四壁，只得头顶着一只旧木碗四处流浪。一天，穷人上了一只渔船去当帮工。不幸的是，渔船在航行中遇到了特大风浪，被大海吞没了。船上的人几乎都淹死了，只有穷人抱着一根大木头，才得以幸免于难。穷人被海水冲到一个小岛上，岛上的酋长看见穷人头顶的木碗，感到非常新奇，便用一大口袋最好的珍珠、宝石换走了木碗，还派人把穷人送回了家。

一个富翁听到了穷人的奇遇，心中暗想："一只木碗都能换回这么多宝贝，如果我送去很多可口的食品，该换回多少宝贝！"富翁装了满满一船山珍海味和美酒，找到了穷人去过的小岛。酋长接受了富人送来的礼物，品尝之后赞不绝口，声称要送给他最珍贵的东西。富人心中暗自得意。一抬头，富人猛然看见酋长双手捧着的"珍贵礼物"，不由得愣住了：它居然是穷人用过的那只旧木碗！

故事中，穷人和富翁之所以会有如此截然不同的结局，归根结底是因为这个岛上的酋长对于"最珍贵的东西"这个概念有着和常人不一样的理解。在他看来，珍珠、宝石是最不值钱的东西，而那只旧木碗则是最珍贵的宝物，因此，当富翁用山珍海味款待了他之后，他才会将"最珍贵的东西"献给富翁，以表达自己的感激之情。这里的珍珠、宝石和木碗的价值逆差在经济学中被称为"价值悖论"，用于特指某些物品虽然实用价值大，却很廉价，而另一些物品虽然实用价值不大，却很昂贵的一种特殊现象。

我们知道，一种商品的稳健价格主要取决于市场上这种商品的供给与需求量的平衡，也就是供给曲线和需求曲线相交时的均衡价格。当供给量和需求量都很大的时候，供给曲线和需求曲线将在一个很低的均衡价格上相交，这就是该商品的市场价格。比如说水，水虽然是我们生活中必不可少的一种商品，但它同时也是地球上最为普遍、最为丰盈的一种资源，供给量相当庞大，因此，水的供给曲线和需求曲线相交在很低的价格水平上，这就造成了水的价格低廉。相反，如果该商品是钻石、珠宝等对人们生活需求不是很大的稀缺资源，那么它的供给量就会很少，供给曲线和需求曲线将在很高的位置上相交，这就决定了这些稀缺资源的高价位。通俗地讲，就是物以稀为贵，什么东西见得少了，什么东西不容易得到，那么什么东西就会拥有高价位，这就是价值悖论的根本原因。

那么，价值悖论和理财又有什么关系呢？我们知道，理财包括生产、消费、投资等多个方面，而价值悖论原理在家庭理财中的运用就是针对消费方面来说的，具体而言，就是针对消费中如何"只买对的，不买贵的"这一微观现象而言的。

第一，不要什么东西都在专卖店里买。专卖店里的东西一般来说总是比大型商场或超市里的东西要贵很多，因此，我们要有选择地在专卖店里买东西。对于一些工作应酬必须穿的高档服装或是家电等耐用消费品来说，最好是去专卖店里选购，因为专卖店里的商品一般来讲都有很好的货源和质量信誉保证，因此在售后服务方面会比商场和超市要好一些。但是对于一些无关紧要的生活用品，比如运动鞋、居家服装等就没有必要非要到专卖店里选购了。这样一来，我们就可以为家庭省去很多不必要的开支。

第二，选购电器不要盲目追求最新款。很多商家都会在你选购家电的时候向你推荐一些最新款式或最优配置的商品，这些拥有最新性能的商品由于刚刚上市，往往价格都比其他商品高出许多。这时候就需要消费者对自己的实际需求作一个初步的评估，切不可不顾自己的实际需求盲目追求最新款。尤其是在选购电脑上，除非你是一位专业制图人员或者专业分析软件的行家，否则不要一味地在电脑上追求最新配置。因为电子产品的更新速度简直太快了，或许你今天买的电脑是最优配置，但是明天就会有更新配置的电脑出现在市场上，消费者的步伐是永远赶不上产品更新换代的速度的。因此，我们在选购电子产品或者家电时一定要根据自己的实际需要，选择最适合我们的，而不是最贵、最好的。

第三，特别是女性，在选购化妆品上要结合自身的肤质、肤色和脸形选择适合自己的化妆品，不要盲目追求高档产品。爱美是每一个人的天性，尤其是女人，似乎天生对美丽有着乐此不疲的追求，于是带动了整个化妆品行业的风起云涌。但是，女性朋友们在选购化妆品的时候千万不能盲目神化高档化妆品的功效，而应该先对自己的肤质、肤色、脸形进行鉴定，并根据鉴定结果选择最适合自己的化妆品，确保物尽其用。比如，护手霜有很多种，价位也从几元到几百元不等，但如果你仅仅是想让自己的玉手在冬天仍保持滋润白嫩而不至于干裂，完全可以选择几元一瓶的甘油或者更便宜的雪花膏，根本没必要买几百元的高档产品。

第四，购置房产要量力而行，不要一味追求面积。拥有一套宽敞明亮的大房子是现在很多人的梦想，尤其是对于那些初涉社会的年轻人来说，这更是一个梦寐以求的事情。但是，很多人在购房时都会有这样一个误区，认为房子越大越好。其实，这是一种虚荣的表现，更是家庭理财中的大忌。以一个标准的三口之家为例，选择一套70平方米两室一厅的住宅就已经足够用了，如果按照每平方米5000元的均价计算需要35万元，但如果他们选购的是一套120平方米的住宅，就将多花25万元，这还不包括装修费用、物业费用、取暖费用和打扫房间的时间成本，况且，由于人少，房间并不能得到充分的利用，实际上是一种资源的浪费。因此，我们在买房的时候一定要根据自己的需要买最适合自己的房产。

只要我们时刻将自己的实际需求放在首要位置，恪守"只买对的，不买贵的"的原则，我们就一定能够让财富发挥出最佳的功效来。

◢ 理财圣经

理财关键点：只买对的，不买贵的。

第
二
章

精明省钱，

省下的就是赚到的

省一分钱，就是赚了一分钱

省钱也是一门技术，不要以为钱多的人就不在乎小钱，也不要以为跨国企业等大企业就有多么"豪爽"。日本很多公司的产品都成功地打入了欧美市场，它们靠的就是节约精神。比如日立公司，它的成功可以归结于该公司的"三大支柱"——节约精神、技术和人。日立公司的节约精神闻名于世，正是这种节约精神给日立公司带来了巨大的经济效益。

在暑气逼人的炎热夏日，日立的工厂里不但没有冷气设备，甚至电扇都极少见。他们认为：日立工厂的厂房高三十米，又坐落在海滨，安装冷气太浪费了。厂里还规定用不着的电灯必须熄灭。午休时留在房间里的员工一律在微暗的角落里聊天。只有当有事时，他们才伸手拉亮荧光灯。在日立总部也是这样，客人在办公室坐定，日立的职员才去拉灯绳开灯。

无独有偶，根据纽约大学经济学教授伍尔夫发表的统计报告，比尔·盖茨的个人净资产已经超过美国40%最贫穷人口的所有房产、退休金及投资的财富总值。简单来说，他6个月的资产就可以增加160亿美元，相当于每秒有2500美元的进账。互联网上有人据此编了个笑话，说盖茨就算掉了一张一万美元的支票在地上，他也不该去捡，因为他可以利用这弯腰的5秒钟赚更多的钱。

然而，盖茨的节俭意识和节俭精神更让人敬佩。

一次，盖茨和一位朋友同车前往希尔顿饭店开会，由于去迟了，以致找不到停车位。他的朋友建议把车停到饭店的贵宾车位上，但是盖茨不同意："噢，这可要花12美元，可不是个好价钱。""我来付。"他的朋友说。"那可不是个好主意，"盖茨坚持不将汽车停放在贵宾车位上，"这样太浪费了。"由于比尔·盖茨的固执，汽车最终没有停在贵宾车位上。

难道盖茨小气、吝啬到已成为守财奴的地步了？当然不是。那么到底是什么原因使盖茨不愿意多花几美元将车停在贵宾车位上呢？原因其实很简单，盖茨作为一位天才的商人，深深地懂得花钱应像炒菜放盐一样恰到好处，哪怕只是很少的几元钱也要让其发挥出最大的效益。他认为，一个人只有当他用好了自己的每一分钱，他才能做好自己的事情。

美国有位作者以"你知道你家每年的花费是多少吗"为题进行调查，结果近62.4%的百万富翁回答"知道"，而非百万富翁则只有35%知道。该作者又以"你每年的衣食住行支出是否都根据预算"为题进行调查，结果竟是惊人的相似：百万富翁中作预算的占 2/3，而非百万富翁只有 1/3。进一步分析，不作预算的百万富翁大都用一种特殊的方式控制支出，即造成人为的相对经济窘境。这正好反映了富人和普通人在对待钱财上的区别。节俭是大多数富人共有的特点，也是他们之所以成为富人的一个重要原因。他们养成了精打细算的习惯，有钱就好好规划，而不是乱花。他们省下手中的钱，然后用在更有意义的地方。

节省你手中的钱，对你个人的意义很大。节省下来的钱可以放到更有意义的地方。如果拿去投资，也许，你省的就不只是一分钱了。对一个企业而言，节俭可以有效地降低成本，增加产品的市场竞争力。

珍惜你手中的每一分钱，只有这样，你才能积聚腾飞的力量，才能有拥有百万家财的可能。

◢ 理财圣经

不要轻视小钱，节省一分钱，就相当于赚了一分钱。珍惜你手中的每一分钱，这样的话你的财富会越积越多。

跟富豪们学习省钱的技巧

2008 年 3 月 6 日，《福布斯》杂志发布了最新的全球富豪榜，资本投资人沃伦·巴菲特取代了比尔·盖茨成为新的全球首富。当有人打电话祝贺这位新晋首富时，沃伦·巴菲特却幽默地表示："如果你想知道我为什么能超过比尔·盖茨，我可以告诉你，是因为我花得少，这是对我节俭的一种奖赏。"

盖茨针对巴菲特的言论回应时说道，他很高兴将首富的位置让给沃伦。上周末他们一起打高尔夫球时，沃伦为了省钱居然用邦迪创可贴代替高尔夫手套，虽然打起球来不好使，但沃伦毕竟省了数美元。沃伦当选首富的主要原因，不是伯克希尔公司股票的上涨，而是在这点上。

事实上，巴菲特能荣登全球首富并不是靠不愿买手套这种省钱方法，但巴菲特的个人生活确实非常简单。他住的是老家几十年前盖的老房子，就连汽车也是普通的美国车，用了10年之后才交给秘书继续使用。他也经常吃汉堡包、喝可乐，几乎没有任何奢侈消费。真正的大富豪都是"小气鬼"，不信你再看看比尔·盖茨，看看李嘉诚，那些富豪，在生活中又是怎么省钱的。

一、比尔·盖茨：善用每一分钱

据说有人曾经计算过，比尔·盖茨的财富可以用来买31.57架航天飞机，拍摄268部《泰坦尼克号》，买15.6万部劳斯莱斯产的本特利大陆型豪华轿车。但实际上，比尔·盖茨只有位于西雅图郊区价值5300万美元的豪宅可称得上奢华的设施。豪宅内陈设相当简单，并不是常人想象的那样富丽堂皇。盖茨曾说过："我要把我所赚到的每一笔钱都花得很有价值，不会浪费一分钱。"

二、"小气鬼"坎普拉德

瑞典宜家公司创始人英瓦尔·坎普拉德是一个拥有280亿美元净资产，在30多个国家拥有202家连锁店的大富豪。在2006年度《福布斯》全球富豪榜上排名第四的坎普拉德，却被瑞典人叫作"小气鬼"。有人这样描述他：至今仍然开着一辆有着15个年头的旧车；乘飞机最爱选的是"经济舱"；日常生活一般都买"廉价商品"，家中大部分家具也都是便宜好用的家具；他还要求公司员工用纸时不要只写一面。

从这些一个个"小气"的细节中，我们可以看出坎普拉德崇尚节俭的人生境界。在公司内部提倡节俭,他自己是当之无愧的"节俭"带头人,已经成为全公司上下学习的典型。节俭是一种美德、一种责任,是一种让人自豪的行为,一种律己的行为。

三、郑周永:喝咖啡浪费外汇

现代集团创办人郑周永是韩国首富,虽腰缠万贯,生活却异常节俭简朴。他在创业时曾以"喝咖啡浪费外汇"为由,告诫部下要勤俭节约。他曾经为了省下更换鞋底的费用,给自己的鞋底钉上铁掌。至今,他家中用的电视机还是20年前的老式电视机,而他仍穿着20世纪70年代穿过的工作服。

四、李嘉诚:不浪费一片西红柿

李嘉诚在生活上不怎么讲究,皮鞋坏了,李嘉诚觉得扔掉太可惜,补好了照样可以穿,所以他的皮鞋十双有五双是旧的;西装穿十年八年是平常事。他坚持身着蓝色传统西服,佩戴的是一块价值26美元的手表。

一次,李嘉诚在澳门参加一个招待会。宴席快结束时,李嘉诚看到他桌上的一个盘子里剩下两片西红柿,就笑着吩咐身边的一位高级助手,两人一人一片把西红柿分吃了,这个小小的举动感动了在场的人。

五、"抠门"的李书福

在吉利集团董事长李书福身上,最著名的是他那双鞋。一次在接受采访时,李书福曾当场把鞋脱下,表示这双价格只有80元的皮鞋为浙江一家企业生产,物美价廉,结实耐用。

他还边展示自己的鞋子边说:"今天太忙没有擦亮,擦亮是非常漂亮的。"其实这双鞋已经穿了两年了。接着,他拉着自己的衬衣问旁边的助理:"咱们的衬衣多少钱?""30元。"助理回答。"这是纯棉的,质量很不错。"李书福说道。

据吉利内部人员透露，他们很难见到李书福买 500 元以上的衣服，让秘书去买西装时，他总是特别强调要 300 元钱一套的。平时，李书福也总穿一件黄色的夹克，在厂区干脆就穿工作服，好像就只有一套稍好点的西服，是他在非常重要的场合才穿的形象服。

六、王永庆：吃自家菜园的菜

王永庆是台塑集团创始人，个人资产多达 430 亿人民币的他生活非常简朴。他在台塑顶楼开辟了一个菜园，母亲去世前，他吃的都是自己种的菜。生活上，他极其节俭：肥皂用到剩下一小片，还要再粘在整块上用完为止；每天做健身毛巾操的毛巾用了 27 年。

▲ 理财圣经

省钱绝对不是小家子气，财富中的很大一部分是省出来的。

赚钱能力与省钱智力同等重要

赚钱能力的大小不是决定财富的唯一因素，财富多少也与省钱的智力高低有很大的关系。省钱是一种生活的智慧，勤俭节约自古以来就是中华民族的传统美德，"省钱是智慧，勤俭是美德"的道理大家都明白，如果你具备了省钱的智力，也就是会赚钱，节省一分钱，就是赚了一分钱。因此，对于财富的积累来说，省钱智力与赚钱能力一样重要。

在历史上一直以"世界首富之都"著称于世的巴比伦，其财富值之多超乎想象。哪怕经过了千百年的绵延变迁，它依旧繁荣昌盛，历久不衰。

巴比伦人为什么那么富有呢？美国著名的理财专家乔治·克

拉森在其《巴比伦富翁的理财课》中为我们给出了答案：用收入的 10%，养活你的"金母鸡"。

"治愈贫穷的第一个妙方，就是每赚进 10 个钱币，至多只花掉 9 个。长此坚持不懈，这样你的钱包将很快开始鼓胀起来。钱包不断增加的重量，会让你抓在手里的感觉好极了，而且也会让你的灵魂得到一种奇妙的满足。

"它的妙处就在于，当我们的支出不再超过所有收入的 9/10，我们的生活过得并不比以前匮乏。而且不久以后，钱币比以前更加容易积攒下来。"

相信很多人都会有这样一个愿望，就是无论自己年龄多大，都是一位经济条件优越，过着有品质的生活，打扮体面入时，散发自信魅力的优雅人士。但是我们不得不承认这样的幸福生活是需要用金钱作为物质基础的。所以，为了以后的幸福生活，请记得巴比伦富翁的致富秘诀：用收入的 10%，养活你的"金母鸡"。

但仍然有很多人没有意识到省钱的重要性，他们挣的钱并不少，却总是毫无节制地消费，让自己的钱在不知不觉中白白流逝。

文月和夏洁是同事，因为家住得近，所以两人经常一起去逛街。有一次，她们在商场碰到某名牌的化妆品成套做优惠活动。文月在那些五颜六色的化妆品中开心地挑拣着，结果拿了一大堆，而夏洁逛来逛去，却什么也没有拿。

文月惊讶地说："你怎么什么也不要？"

"我的化妆品还没用完。再说，我想存点钱买套房，所以得省一点。"

"可是现在很便宜呢，买了很划算！"

夏洁还是摇了摇头。

多年后，夏洁用节省下来的钱先买了一间小套房自己住，后来经济情况稍好点，她又接着买了几套小户型作为投资。正好赶上这几年房价狂飙，如今才三十出头的夏洁，已成一位名副其实的富婆了。再看看文月，依然守着每个月几千块的薪水捉襟见肘地过日子。

文月和夏洁两人的情况正好反映了不同的人在对待钱财上的区别。不懂省钱的人，月月挣钱月月花光，这种不考虑以后的人最后还是穷忙活了这些年；而有些人养成了精打细算的习惯，对钱财好好规划，而不是乱花。辛苦赚来的钱，当然要能为自己的幸福加分，聪明的人懂得生活的智慧，会省钱。

请你一定要记住，省钱智力与赚钱能力同样重要，节省一分钱，你就赚了一分钱。如果你对手中的财富不珍惜，哪怕你有再多的钱，到头来，你也会一无所有。

◢ 理财圣经

对于财富的积累来说，省钱智力与赚钱能力一样重要。要想做一个既幸福又优雅的人，就要学会好好掌握自己努力赚来的辛苦钱，用你省下的这些钱去养活一只能为你成就财富、会下金蛋的"金母鸡"。

| **低成本高品质，**
打造最流行的生活

团购：与大家一起集体"抠门"

团购是团体采购的简称，也叫作集体采购，通常是指某些团体通过大批量向供应商购物，以低于市场价格获得产品或服务的采购行为。总体来说，对那些合法经营的商家来说，团购可以使商家节省相关的营销开支，扩大市场占有率；而对个人来说，团购可以节省一笔不小的开支，又省去很多奔波的麻烦，更是求之不得。

某社区曾流行这样一句问候语："今天，你团购了吗？"团购俨然成为该社区居民生活的主旋律，究竟团购热潮从何而来呢？

原来，全球金融危机，中国股市大幅跳水，直接影响到百姓的经济生活。该社区的工作者在辖区走访中发现，居民们普遍反映的是现在收入减少了、投资亏损了等问题。工作者们经过讨论，觉得团购是一个省钱的好办法,便促成了该社区的团购活动。最初,由社区出头联系食品供应商,以优惠价格团购鲜肉、排骨、熟食等商品,然后通知有购买意向的居民。居民们既买到了满意的商品,又节省了开支,对社区这一做法拍手叫好,并且,建议社区扩这样大团购商品的范围。在居民的强烈要求下,该社区又陆续组织了日用品等系列团购活动。社工们表示只要居民需要,社区就将把团购继续下去。

程程妈是典型的团购女。美国次贷危机,使她在 2008 年 7 月来了回团购"初体验"。后来,她决定"将团购进行到底","现在,能省一分是一分,降低成本也意味着提高收益"。

自从团购了一回儿童车后,程程妈再也不放过任何团购的机会,她把健身团、QQ群、车友会、网站都利用了起来。当然最常用的还是在网络上,与本土人士集合起来进行团购。

现已成为"骨灰级"团购支持者的她骄傲地说,她家宝宝不管是用的还是吃的,不管是身上穿的还是头上戴的,几乎都是团购来的。程程妈说,团购的价格比市场上低很多,尤其是服装,跟商场卖的一样,都是正品,但价格只有商场的 50% 甚至更少。"团购的这些东西都是我和宝宝真正需要的。这样更省钱,也能减少开支。"

如此看来,团购还是很有魅力的。我们在采购以下商品时可以采取团购的方式:

一、买房团购很实惠

首先,根据个人情况选择合适的住房团购方式。住房团购的方式有很多,有单位或银行组织的团购,也有亲朋好友或网友们自发组织的团购。

其次,把握好住房团购与零售的差价。一般情况下,普通住宅房团购与零售的差价在 200 ~ 380 元 / 平方米，沿街商业房团购与零售的差价在 500 ~ 1000 元 / 平方米，并且团购中介机构要按团购与零售差价的 10% ~ 20%收取手续费。

最重要的是要警惕住房团购的"托儿"。有些房产团购网是房产公司的"托儿"，或干脆是房产公司自办的。

二、团购买汽车，价低又实惠

在这里，我们还是要说一下，团购汽车需要注意的两个方面：

首先，合理选择汽车团购的渠道。汽车团购应当说是团购中最火的一种，不但专业汽车团购公司如雨后春笋般涌现，各大银行也已开始积极以车价优惠、贷款优惠、保险优惠等举措来开拓汽车团购市场；同时，各大汽车经销商也注重向大型企、事业单位进行团购营销。对于老人来说，在决定团购汽车之前只有先了解一下这一方面的行情，才能够选择到适合自己的团购渠道。

其次，要掌握寻找汽车团购中介的窍门。为了方便购车，当然是在当地或距离较近的城市参加团购比较合适。

三、旅游项目也可以团购

如果想外出旅游，先联系身边的同事或亲朋好友，自行组团后再与旅行社谈价钱，可以获得一定幅度的优惠，境内游一般 9 人可以免一人的费用，境外游 12 人可以免 1 人费用，这样算就等于享受 9 折左右的优惠。同时，外出游最容易遇到"强制"购物、住宿用餐标准降低、无故耽误游客时间等问题，由于团购式的自行组团"人多势众"，这些问题都较容易解决，能更好地维护自身权益。

◢ 理财圣经

团购是聪明消费者的游戏，通过团购不仅能节省开支，还能省去很多奔波的麻烦。无论买房买车，还是旅游购物，都可以采取团购的方式。

网购：花最少的钱，买最好的物品

随着网络的普及，更多的人倾向于选择具有价格优势的网购，这使得网络购物交易量不断被刷新，国内一些媒体甚至用"井喷""全民网购时代"等字眼形容目前网购的火暴程度。

网购为什么会受到大家的推崇？最主要的原因在于：网上的东西不仅种类比任何商店都齐全，而且还能拿到很低的折扣，能淘到很多物美价廉的东西。如果上街购物的话，不仅要搭上更多的时间，还需要花费交通费。这样算下来，除去购物费用，成本在几十元到一百元不等。但是这些成本网上购物就可以完全避免，而且只需点点鼠标，等着快递送上门就行了。

在网上总能找到比市场上价格低的商品。在实体店要想找到便宜的东西，至少得"货比三家"，非常麻烦；而在网上，鼠标一点，各种品牌、档次的商品就都展现在眼前，轻轻松松就可以"货比三家"；物品报价基本接近实价，免去不少口舌之苦；购买的商品还可以送货上门，堪称懒人购物首选方式；没有任何时间限制，购物网站 24 小时对客户开放，只要登录，就可以随时挑选自己需要的商品，还能认识很多来自五湖四海的朋友，省时又快捷。

如果你要购买书籍（最好是对此书有一定了解）、光盘、软件，那么选择网上购物就很合适，可以在家轻松享受服务。在卓越、当当等图书网站上，几乎所有的书都打折出售，有的可以打到 5 折；而在实体书店里，图书是很少打折出售的。

还有一些著名品牌的商品也比较适合网上购买，而像服装等需要消费者亲自体会穿着效果的商品则不太适合在网上购买。还有很多高档消费品，一般消费者比较慎重，也不太适合在网上购买，因为这类商品需要多方咨询、比较，而网上购物在这一点上就显得不足了。关于付款，可以教给你一个省钱的好方法。目前在网上购物一般是要收取一定的送货费用的，所以进行网上购物不妨和朋友或同事共同购买，一次送货，这样可以节省很多的配送费，而且大家一起买也许还可以享受到网站提供的优惠。

关于二手商品的买卖，本来网络确实是以快捷、免费的特性作为二手商品资讯传递的最佳媒体，只可惜部分网民的道德水准较低，网上二手商品交易中以次充好、滥竽充数的情况时有发生。

如果要通过竞价的方式购买商品，还是先学一学下面几点小经验：

（1）注册时最好不要留家里的电话，怕你被烦死。

（2）在交易前先了解一下卖方的信用度，肯定没有坏处。

（3）如果看中一样东西实在爱不释手，可以直接和卖方用电子邮件联系，告诉他你的"爱慕之心"和你愿意出的价。

（4）如果卖方的介绍不够详细，也可以给他发电子邮件，提出问题；另一个办法是在留言簿上留言，卖方一般都会及时回复。

（5）有的网站有"出价代理系统"，只要在竞买时选择"要代理"，并填入自己的最高心理价位，网站就会自动为你出价，免得你因为无暇顾及而错失良机。

◢ 理财圣经

网上的东西不仅种类比任何商店都齐全，而且还能拿到很低的折扣。网购能够淘到很多物美价廉的东西，能为我们省下一笔不小的开支。

旅游也可以不"奢侈"——"穷"游

对于喜欢出外旅游的你来说，巨额的旅游费用可能让你囊中羞涩，其实，你可以通过一些省钱的攻略，采取"穷游"的方式，让自己的旅游既有意思，又能充分领略省钱的奥妙。

所谓"穷游"，其实是指用很省钱的方式旅游。该旅游方式不同于以往报名参加旅行社团队或购买自由行线路，穷游者积极地在网上搜索打折车票或机票，住便宜的酒店、家庭旅馆，甚至住帐篷，在饮食和游玩上，既要省钱，又能和当地人进行直接交流。

"穷游不但省钱，还能锻炼身体，一举两得。"在网络公司上班的小玲也对穷游情有独钟。她说，待在家里，常和朋友逛街，要是看上喜欢的服装，钱包多半会见底，比穷游钱用得多。

作为一个喜欢出外旅游的人，你是否也有些跃跃欲试了呢？其实，只要你计划得好，你就既可以享受旅游的乐趣，也能充分领略省钱的奥妙。

一、利用网络提前安排好

对于劳累的旅途中人，安静、舒适的住宿休息环境十分重要。星级宾馆的住宿条件自然上乘，但要想省钱，就不能一味追"星"，而应从实用的角度考虑，可以在相关的旅游网站搜集网友们推荐的当地人的家庭旅馆的信息，通常这里的家庭旅馆设施跟宾馆差不多，但价格要比宾馆便宜多了，而且当地人做的地道风味的饭菜味道也不错。

二、出行工具事先选择好

如果出行旅游的时间比较充足，而且不是到较远的地方去，非得坐飞机抢时间不可，可以选择坐火车、乘汽车。这样，一来花费少得多，二来可以领略一路上的风景。

三、包车更合算

到了旅游地，最好多请几个人包车。一来可以节省很多时间，二来可以节省体力，三来可以省去很多不必要的麻烦，当然徒步的例外。在出发前，可根据网友的推荐，联络当地司机，由于当地司机熟悉情况，这样包车既经济又安全。出外旅游，玩是一个最主要的目的，而且在玩上省钱是大有必要的。首先对自己旅游的景区要有所了解，从中选出最具特色的必去之处。当然，对其中的一些景点也要筛选。景点的门票可以争取团购，这样就又省下了一笔花销。

四、出游前最好制订计划，做到统筹兼顾

在旅游时应留点时间，去逛逛街，这样既不需要花钱买门票，又能感受景区当地的风土人情。出游前最好制订计划，做到统筹兼顾，每次行程都将就近的主要景点涵盖，以便与以后出游的目标不再重叠，这样能够避免某一景点没有观光到还要单独一游的情况发生。此外，有些景点是旅行社不去的，有些是还未开发的，这些地方既不用购买门票，也不会人山人海，而且风景一定不亚于那些固定景点。

五、选择新线可省钱

假日期间，外出旅游的人较多，而且大都喜欢到热线景区去，从而使得这些景区的旅游资源和各类服务因供不应求而价格上涨，如果此时到这些景区去，无疑要增加很多费用。因此，不妨有意识地避开热点景区，选择一些旅游新线去旅游。

六、跟团出游较划算

在城市里，单枪匹马自助旅行比较适合。但若到边远地区旅行绝对不是最省钱的方式，跟团旅游反倒更划算。

七、短途旅游也不错

对于经济条件一般的家庭来说，短途旅游可以作为首选。到周边城市游玩，花费少、行程短，携带东西简单，也是避开高昂花费的好办法。短途旅游除了热门线路之外，一日游一般为百元上下，两日游多为三四百元。而且黄金周期间各旅行社还专门推出了一系列合家欢团、亲子团等线路，价格相对便宜些。

八、捂紧钱袋少购物

目前旅游购物市场还不规范，不管是旅游局的定点商店，还是零散的摊点，多多少少存在着欺诈游客的现象。要想花钱少玩得好就得管住自己的口袋。因此，在外地旅游，除了非常有纪念意义的东西外，要看看自己是不是真的需要，纪念品是否物有所值。

◢ 理财圣经

巨额的旅游费用经常让不少人望而却步，在这种情形下，我们可以运用一些省钱攻略，"穷游"天下。

第
四
章
合理避税，
保证收益

"税"字知识知多少

个人所得税，是指调整征税机关与自然人（居民、非居民人）之间在个人所得税的征纳与管理过程中所发生的社会关系的法律规范的总称。个人所得税法，就是有关个人的所得税的法律规定。

个人如果想合理避税的话，首先要知道有哪些个人所得是可以免交税的。根据《中华人民共和国个人所得税法》第四条的规定，下列个人所得可以免纳个人所得税：

（1）省级人民政府、国务院部委和中国人民解放军军以上单位。外国组织、国际组织颁发的科学、教育、技术、文化、卫生、体育、环境保护等方面的奖金。

（2）国债和国家发行的金融债券利息。

（3）按照国家统一规定发给的补贴、津贴。

（4）福利费、抚恤金、救济金。

（5）保险赔款。

（6）军人的转业费、复员费。

（7）按照国家统一规定发给干部、职工的安家费、退职费、退休工资、离休工资、离休生活补助费。

（8）依照我国有关法律规定应予免税的各国驻华使馆和领事馆的外交代表、领事官员和其他人员的所得。

（9）中国政府参加的国际公约、签订的协议中规定免税的所得。

（10）经国务院财政部门批准免税的所得。

下列各项个人所得，应纳个人所得税：

（1）工资、薪金所得：是指个人因任职或受雇而取得的工资、薪金、奖金、年终加薪、劳动分红、津贴、补贴以及与任职或受雇有关的其他所得。

（2）个体工商户的生产、经营所得。

（3）对企事业单位的承包经营、承租经营所得：是指个人承包经营、承租经营以及转包、转租取得的所得，包括个人按月或者按次取得的工资、薪金性质的所得。

（4）劳务报酬所得：个人从事设计、装潢、安装、制图、化验、测试、医疗、法律、会计、咨询、讲学、新闻、广播、翻译、审稿、书画、雕刻、影视、录音、录像、演出、表演、广告、展览、技术服务、介绍服务、经济服务、代办服务以及其他劳务取得的所得。

（5）稿酬所得：个人因其作品以图书、报纸形式出版、发表而取得的所得。这里所说的"作品"，是指包括中外文字、图片、乐谱等能以图书、报刊方式出版或发表的作品。个人作品包括本人的著作、翻译的作品等。个人取得遗作稿酬，应按稿酬所得项目计税。

（6）特许权使用费所得：个人提供专利权、著作权、商标权、非专利技术以及其他特许权的使用权取得的所得。提供著作权的使用权取得的所得，不包括稿酬所得。作者将自己文字作品手稿原件或复印件公开拍卖（竟价）取得的所得，应按特许权使用费所得项目计税。

（7）利息、股息、红利所得。

（8）财产租赁所得：个人出租建筑物、土地使用权、机器设备车船以及其他财产取得的所得。财产包括动产和不动产。

（9）财产转让所得：个人转让有价证券、股权、建筑物、土地使用权、机器设备、车船以及其他自有财产给他人或单位而取得的所得，包括转让不动产和动产而取得的所得。对个人股票买卖取得的所得暂不征税。

（10）偶然所得：个人取得的所得是非经常性的，属于各种机遇性所得，包括得奖、中奖、中彩以及其他偶然性质的所得（含奖金、实物和有价证券）。

（11）其他所得。

明确知晓哪些税应缴纳，哪些税免缴，有助于我们科学规划投资理财。

现实中，有人说避税是和政府对着干，是所谓的"刁民行为"。这是对避税的误解。一般说来，人们对"税务筹划"的理解容易走入两个误区：一是不懂得避税与逃税的区别，把一些实为逃税的手段误认为是避税，或者把逃税当成合理的避税；二是打着避税的幌子行逃税之实。其实，避税和逃税二者有明显区别：

第一，适用的法律不同。避税适用涉外经济活动有关的法律、法规；后者仅适用国内的税法规范。

第二，适用的对象不同。前者针对外商投资、独资、合作等企业及个人；后者仅为国内的公民、法人和其他组织。

第三，各自行为方式不同。前者是纳税义务人利用税法上的漏洞、不完善，通过对经营及财务活动的人为安排，以达到规避或减轻纳税的目的的行为；后者则是从事生产、经营活动的纳税人，纳税到期前，有转移、隐匿其应纳税的商品、货物、其他财产及收入的行为，达到逃避纳税的目的。一般情况下不构成犯罪，情节严重的就会构成偷税罪。

通过以上分析，我们看出虽然它们都和税有关，也都是减少交税额度，但是避税和逃税是互不相同的两个概念。

了解了应缴税款和免缴税款、避税和逃税的区别后，相信在税务规划上，你的心中已经有个大致构想了。

▲ 理财圣经

避税，并不是违法犯罪的事情。合理避税，是一种聪明的理财方式。

合理合法避税

提到纳税，每个人都知道，它是政府执行社会职能的基础。作为一个守法公民，你必须纳税。同时，由于税收有不同种类，课税对象不同，你可以根据相关的金融知识进行合理避税。在不触犯法律的情况下，能尽量减少交税的数目，这才是正经的"省财"之法。

说起避税，很多人都认为这是财务人员的事情，其实不然，随着我们工资水平越来越高，懂得避税和不懂避税将有很大的差别，这个差别不只是每个月多交几百块钱这么简单，更关系到你的财富能不能更快地积累起来。

犹太人拥有世界上最多的财富，也比世界上任何一个国家的商人都重视交税。在犹太人心中，有一套属于他们自己的观点。他们认为，纳税是和国家订立的神圣的"契约"，无论出现什么问题，自己都要履行契约，谁偷税、漏税、逃税，谁就是违反了和国家所签的契约。违反"神圣"的契约，对犹太人来说是无法原谅的。但是他们为了多赚点利润，也在税收上想了不少点子，最后的答案是两个字：避税。在长期的商场历练中，他们已经总结出了一套合法避税的办法，对合法避税有着如下的认识：

（1）合法避税是经营活动与财务活动的有机结合。

（2）合法避税是经营时间、地点、方式、手段的精巧安排。

（3）合法避税是会计方法的灵活运用。

（4）合法避税是决策者超人的智慧和高超的管理水平的精彩体现。

犹太人避税的做法是这样的：

（1）使避税行为发生在国家税收法律法规许可的限度内，做到合理合法。

（2）巧妙安排经营活动，努力使避税行为兼具灵活性和原则性。

（3）避税行为围绕降低产品价格而展开，以避税行为增强企业的市场竞争力。

（4）充分研究有关税收的各种法律法规，努力做到在某些方面比国家征税人员更懂税收。

犹太人的这些避税方法合理合法，取得了很大的成功。1976年，犹太富商莫蒂默·莫尼律格斯的收入为100万美元，为把本年的纳税数额减少至最低限度，他决定想一个办法核减收入50万美元。用什么办法呢？莫蒂默想了很久，终于有了一个主意。他有一艘祖传的游艇，长为250英尺，如果将它核价50万美元，然后作为自己年收入的一部分再捐给一家非赢利机构，岂不是既卸下了包袱,又躲避了纳税? 这是一举两得的事情。因为当时的税法规定,慈善捐赠可以减免税款。

莫蒂默找了一位愿意合作的游艇核价人,这个人答应将莫蒂默的游艇核价为 50 万美元,因为他明白,要是做成了这笔买卖,可以得到一大笔佣金。得到估价表后,莫蒂默来到了一所学校,表示愿意为学校捐赠一艘游艇。校长接过估价表后,心照不宣,马上向税务局写报告,赞颂莫蒂默先生的慷慨解囊,捐赠学校一艘价值 50 万美元的游艇,并说明这艘游艇的价值已经经过专家的核准。学校得到游艇后,想尽快将它出售以获得捐款,那位精明的估价人挺身站了出来,愿意代为出售。然而事情远没有想象得那么好,他使出浑身解数也不能以超出 15 万美元的价格卖掉这艘游艇。不过还是没有关系,学校白白得了 15 万美元,估价人也得到了一笔可观的佣金。

这位年收入 100 万美元的莫蒂默先生,由于纯收入减少了一半,他要纳税的部分只剩下 50 万美元。按照当时 70% 的税率,他只需要交纳 35 万美元税款,另一份 35 万美元的税款就这样被他轻而易举地躲避了。"纳税天经地义,避税合理合法。"犹太人的《财箴》早就有过类似的表述。

合法避税又绝不漏税,使犹太商人在世界各地有了生存的土壤和发展的根基。他们这些一箭双雕的做法我们可以效仿。

其实避税不应是从商者的根本目的,即使是一个天才避税者也不能够通过避税迈入富人的行列。它的根本目的应在于促使管理者对管理决策进行更加细致的思考,进一步提高经营管理水平。对于个人来说,也是理财意识的充分体现。

◢ 理财圣经

要想合理避税,必须得掌握避税的技巧。

高薪收入者的避税之道

改革开放二十年，造就了一批高收入人群。但是，高收入也意味着高税收，每次纳税的时候，都是一件让人头痛心痛的事情。几十万元的年收入，一下子就被扣除了一大笔。虽然纳税是每个公民应尽的义务，但如果能够在不违反国家法规的前提下避税，也是增加个人实际收入的一个途径。因此，一些精明的高薪人士已经在考虑，如何在不违反法规的情况下，合理地让自己的税少交一点。

对于高薪人士来说，该如何避税呢？实际上做好个人税务的规划，就能合理避税，这就是理财的精明之处了。

由于国家政策——如产业政策、就业政策、劳动政策等导向的因素，我国现行的税务法律法规中有不少税收优惠政策，作为纳税人，如果充分掌握这些政策，就可以在税收方面合理避税，提高自己的实际收入。

一、年薪变月薪

现在，年薪几十万元的人在中国到处都是，所以，如果你的工资卡里一下子多了这么多钱，税款就要缴上不小的一部分。为了减少这些不必要的损失，你可以将年薪改为月薪，或者将年终奖金分到每月发放，比如年薪30多万元的员工，一次性领取适用的最高税率为45％，但是改为月薪，每个月大概只需要交25％的税。对于不少企业发放的季度奖、半年奖、过节费等，如果分摊到月份，对个人来说可以节省很多。

二、免税投资

在政府的相关政策中。为了鼓励投资，有些项目是可以免税的，如国债和国家发行的金融债券利息都是免税的，所以你可以将多余的钱投资到这些项目上。你的收入高，可以多投一些，也就可以多省一些，并且还能获得收益，同时又达到免税的目的。正所谓一举三得！此外，你还可以购买保险，投资开放式基金等，它们都可以减少税收的支出。

三、利用公积金

和普通人一样，高薪人士也应当关注一下公积金。因为国家相关政策规定——只要每月实际缴存的住房公积金在其上一年度月平均工资12%的幅度内，就可以在个人应纳税所得额中扣除。利用好公积金，就能为你多省下一笔钱。

四、利用税基和税率的不同进行避税

由于现在我们实行的是超额累进税率，员工可以将某些收入让单位以福利费的形式直接扣除，这样工资就会减少，适用税率就低。

合理避税，已经不再是专业的会计人员所要懂得的事情，它已经逐渐走入到我们的生活中，关系到了每个人的利益。大家都应当对它高度关注，给予必要的认识。高薪人士更应该为自己的钱做好打算了。

◀ ● 理财圣经

高收入者可以利用这四种方式来避税：将年薪改为月薪，或者将年终奖金分到每月发放；进行一些免税的投资；公积金免税。

个人创业巧避税

合理避税不等于偷税、逃税，避税是纳税人依据税法规定的优惠政策，采取合法的手段，最大限度地采用优惠条款，以达到

减轻税收负担的合法经济行为。对创业者来说，可以采用下列方法进行避税。

一、税收优惠法

对初创企业来说，在选择企业的类型上，可以运用税收优惠政策来获得合理避税的效果。比如在投资方案上，纳税人利用税法中对投资规定的有关减免税优惠，通过投资方案的选择，以达到减轻其税收负担的目的。

如有些地方对第三产业、高新技术行业等税收优惠的，这样相关企业就可利用这些优惠政策合理地避税，减少成本增加效益，获得更大的利润，使企业发展得更快。

税收优惠是国家对特定产业、特定地区的特定交易形式采取的市场竞争和调控手段，是政府为实现一定历史时期的宏观经济发展目标，以一定相对合理的方式，分轻重缓急地向特定经济主体（投资人）退让或放弃一部分税收收入的鼓励或照顾措施。

对商家来说，利用税收优惠政策促进店铺的发展，不失为一种明智之举。这就要求商家必须了解税收优惠的相关政策。

我国各类税法中规定的税收优惠包括减税、免税、出口退税及其他一些内容。

（1）减税。对某些纳税人进行扶持或照顾，以减轻其税收负担的一种特殊规定。一般分为法定减税、特定减税和临时减税三种方式。

（2）免税。即对某些特殊纳税人免征某种（或某几种）税收的全部税款。一般分为法定免税、特定免税和临时免税三种方式。

（3）延期纳税。对纳税人应纳税款的部分或全部税款的缴纳期限适当延长的一种特殊规定。

（4）再投资退税。即对特定的投资者将取得的利润再投资于本企业或新办企业时，退还已纳税款。

（5）税收豁免。指在一定期间内，对纳税人的某些应税项目或应税来源不予征税，以豁免其税收负担。包括关税、货物税豁免和所得税豁免等。

（6）投资抵免。即政府对纳税人在境内的鼓励性投资项目允许按投资额的多少抵免部分或全部应纳所得税额。实行投资抵免是政府鼓励企业投资，促进经济结构和产业结构调整，从1999年开始，中国政府开始对技术改造国产设备实施投资抵免政策。

（7）起征点。即对征税对象开始征税的起点规定一定的数额。征税对象达到起征点的就全额征税，未达到起征点的不征税。税法对某些税种规定了起征点。确定起征点，主要是为了照顾经营规模小、收入少的纳税人采取的税收优惠。

（8）免征额。即按一定标准从课税对象全部数额中扣除一定的数额，扣除部分不征税，只对超过的部分征税。

（9）加速折旧。即按税法规定对缴纳所得税的纳税人，准予采取缩短折旧年限、提高折旧率的办法，加快折旧速度，减少当期应纳税所得额。

对于新开的店铺来说，如果能充分利用税收优惠政策发展，可以降低企业的成本，迅速做大做强。了解了以上这些税收优惠的相关规定，商家可根据自己的店铺情况，从而运用税收优惠法进行合理避税。

二、尽量减少双重交税

随着我国经济的飞速发展，目前我国的税制似乎难以跟上经济的发展程度，导致了税收体制的不完善和遗漏。就目前的所得税来说，如果一个企业主将企业的财富转到自己个人的名下就要交纳个人所得税，其实这笔财富已经交纳了企业所得税，再交纳个人所得税就算双重交税了。

这样对企业主而言，为了合理避税，有了利润可用来扩大企业规模而不转到个人手中，这样可以减少税收成本。

三、资产租赁法

租赁是指出租人以收取租金为条件，在契约或合同规定的期限内，将资产租借给承租人使用的一种经济行为。从承租人来说，租赁可以避免企业购买机器设备的负担和免遭设备陈旧过时的风险，由于租金从税前利润中扣减，可冲减利润而达到避税。

四、分摊费用法

商家生产经营过程中发生的各项费用要按一定的方法摊入成本。费用分摊就是指店铺在保证费用必要支出的前提下，想方设法从账目中找到平衡，使费用摊入成本时尽可能地最大摊入，从而实现最大限度的避税。

总之，纳税人合理避税是可以的，但不可利用法律的空子来偷逃税收，这样将得不偿失。对于商家而言，依法纳税不但是一种义务，也是企业为社会和国家作出贡献的一种光荣表现，更是企业社会责任感的一种外在体现。

◢ **理财圣经**

创业者可以采用这几种方式来避税：税收优惠法、尽量减少双重交税、资产租赁法、分摊费用法。

第五篇
**投资自己,
最有价值的理财之道**

为健康投资，
稳赚不赔

年收入 10 万元抵不过一场病

看病、教育、住房被称为新的"三座大山"。生病对于人来说不仅仅是花钱的问题，还关系到自己的生命健康问题。所以，从理财的角度来讲，如果能够保持自己的身体健康，为健康投资，就可以为家里省一大笔钱。

50 岁的老王在一家拉链厂做工，一个月收入仅有 600 多元，但 5 年前的老王可不是这个样子的。当时的老王做了些小本生意，并和老婆在社会上到处兼职，每月算下来，收入能达到 10000 多元。那时，老王和妻子不仅有 20 多万元的存款,还置办了 2 套房产。由于妻子身体不是很好，他们没有孩子，所以经济上很宽裕，他们还计划着等几年再买个车子就可以安享晚年了。可是意外的事情发生了。

2004年，老王的妻子被检测出患有癌症，于是老王东奔西走地求医，但还是没有治好妻子的病。2006年，老王安葬了妻子，但他也成了一个无家可归的人，因为老王花掉了所有的积蓄并借了10万元，被迫卖了一套房产。如今的老王再没有年轻时的闯劲了，所以在别人的介绍下，他来到了这个拉链厂，干些简单的活维持生计，而剩下的那套房也租了出去贴补家用。

提起生活的改变，老王一直感慨："不生病比什么都好啊！"

的确，老王以前的生活让别人看了都羡慕，但是因为妻子的一场病，他不仅陷入失去妻子的哀痛之中，还在理财上陷入困境。现实中像老王这样的人不在少数。如果我们拼命挣钱，对于自己的身体不管不顾，就可能成为第二个老王。生命是脆弱的，每个人都经不起病魔的折磨，所以，从现在起，看好你的身体，不要拼命挣钱，却到头来全将它耗费在看病上。所以，我们从现在开始就应当投资自己的健康。

均衡营养是保持健康的必要条件。脂肪类食物会增加身体的疲劳感，不可多食，但也不可不食，因为脂类营养是大脑运转所必需的，缺乏脂类将影响思维，因此应适量食用。日常还应补充钙质，钙不仅可以安神，还具有舒缓情绪的作用。

加强运动，不仅可以提高人体对疾病的抵抗能力，还是放松心情的良药。可以制订一个锻炼计划，通过慢跑、骑车、打球等，释放情绪，减少自由基的侵害。在平时，能不吸烟尽量不吸烟，吸烟时人体血管容易发生痉挛，局部器官血液供应减少，营养素和氧气供给减少，尤其是呼吸道黏膜得不到氧气和养料供给，抗病能力也就随之下降。少喝酒有益健康，嗜酒、醉酒、酗酒会减弱人体免疫功能，必须严格限制。还有很重要的就是要保证充足的睡眠。睡眠应占人类生活的三分之一的时间，它是帮你和亚健康说再见的重要途径。

很多时候身体上的健康还依赖于心理的健康。如果一个人生病了，但是他的心态很好的话，病情减轻的速度会比那些苦大仇深的人要快得多。人在社会上生存，难免有很多烦恼，必须应付各种挑战，重要的是通过心理调节维持心理平衡。

投资健康就不能让身心一直处于高强度、快节奏的生活状态中，有条件的话每周远离喧嚣的都市一次。郊外空气中，离子浓度较高，能调节神经系统。适度劳逸是健康之母，人体生物钟正常运转是健康的保证，而生物钟"错点"就是亚健康的开始。

◢ 理财圣经

在关注事业、娱乐的同时，我们一定不要忘记投资自己的健康。身体健康了，才会有精力去做自己想做的事，才有精力去克服工作中的困难。如果身体不好，不仅耽误工作和自己的前途，心情也会受到影响。

投资健康就是积累财富

身体是革命的本钱，身体健康的重要性几乎每个人都知道。作家梁凤仪曾说过这样的话："健康好比数字 1，事业、家庭、地位、钱财是 0；有了 1，后面的 0 越多，就越富有；反之，没有 1，则一切皆无。"生活中总有那么多的人辛勤地工作和打拼，而他们的辛勤工作却是牺牲了个人健康换来的。早先在日本经常出现的"过劳死"，也开始出现在我们国家。实际上，出卖一个无价之宝来换取我们又不是非常缺乏的金钱，不是相当于健康的廉价拍卖？

事业上的成功、金钱的积累固然重要，没有了健康，一切都毫无意义。但人们只有在看到有人出事之后才有感而发，而在平常的日子里，却很少有人专门用心去关注和思考这些问题。

假如我们的生活是一个天平，天平的一端放的是健康，另一端放的是事业和金钱，那么任何一端过重或过轻，都会影响到我们生活的质量。在今天竞争日益激烈的社会环境下，追求事业上的成功和金钱的积累已经成为一种普遍的社会愿望，而健康问题却往往被强烈的事业心和物欲所埋没。殊不知，一旦健康出现问题，不仅我们的身心要遭受折磨，数年积累的财富也要拱手送给医院。而这从理财的角度来讲，是得不偿失的。

那么，你的健康状况到底如何？

请对照下面这些症状，测一测自己是不是健康。

测试方法：根据你最近一周的情况回答下列问题，可回答"是"与"否"。每题都有一个分值，回答"是"就累加分值，回答"否"计0分。

（1）早上起床时，总有头发丝掉落。（5分）

（2）感到情绪有些抑郁，会对着窗外发呆。（5分）

（3）昨天想好的某件事，今天怎么也记不起来，而且近些天来，经常出现这种情况。（10分）

（4）害怕走进办公室，觉得工作令人厌倦。（5分）

（5）不想面对同事和上司，有自闭症式的渴望。（5分）

（6）工作效率下降，上司已表达了对自己的不满。（5分）

（7）工作一小时后，就感到身体倦怠，胸闷气短。（10分）

（8）工作情绪始终无法高涨。最令自己不解的是，无名的火气很大，但又没有精力发作。（5分）

（9）一日三餐，进餐甚少，排除天气因素，即使口味非常适

合自己的菜，近来也经常味同嚼蜡。（5分）

（10）盼望早早地逃离办公室，为的是能够回家，躺在床上休息片刻。（5分）

（11）对城市的污染、噪声非常敏感，比常人更渴望清幽、宁静的山水，以修养身心。（5分）

（12）不再像以前那样热衷于朋友的聚会，有种强打精神、勉强应酬的感觉。（5分）

（13）晚上经常睡不着觉，即使睡着了，又总是在做梦，睡眠质量很糟糕。（10分）

（14）体重有明显下降的趋势，早上起来，发现眼眶深陷，下巴突出。（10分）

（15）感觉免疫力在下降，春秋流感一来，自己首当其冲，难逃"流"运。（10分）

测试结果：

总分超过30分：你的健康已敲响警钟。

总分超过50分：你需要坐下来，好好反思你的生活状态，加强锻炼和营养搭配等。

总分超过80分：你应该赶紧去看医生，调整自己的心理，或是申请休假，好好休息一段时间。

◢ 理财圣经

要想一生过得幸福，就不要透支身体。真正富有的人不是拥有钱财最多的人，而是拥有财富且身体健康的人。平时我们注重投资健康，就是在积累财富。

老人投资健康，也须提防骗子

老年人投资健康是正确的，随着年龄的增长和生理功能的衰退，许多老年人患上了高血压、冠心病、糖尿病、类风湿等慢性病，所以他们对健康的关注度比一般人要高，寻求保健良方和治好病的渴望非常强烈。同时，他们也认为家人不能完全理解他们的痛苦，甚至于很少陪伴他们，情感方面的孤独使他们渴望和外界保持联系。此时，来自外界的一点点关怀和温暖便很容易使其感动，加上自己对医学知识的了解又不足，便给了骗子们可乘之机。现在很多不法分子瞅准了老年人的心理，也看准了这块"大蛋糕"，纷纷打着各种旗号来诱骗老年人上当。

某市影剧院连续4个月来，每天早上7时30分到8时30分，都有500多名老人从家里赶来听讲座。打着"香港第一医科大学"旗号生产的某营养液在这里大肆宣传、销售。

这个宣传活动吸引了很多老人。因为他们打着百万产品赠送活动的旗号，每位老人只要来听讲座就能在临走时得到一小盒营养液。讲解员宣称××营养液具备高效降脂的功能，为心脑血管病患者和脑功能不全患者的康复带来福音，并称该营养液是"由香港第一医科大学京都药源堂的专家教授，通过多年的现代科学研究，采取国际最先进的配方技术，融入大中华博大精深的中医精华，采用生态名贵中药，以先进的制造工艺精制而成"。

销售员还称，该营养液原价772元，现在买一个月的量只要400元。销售员不断地介绍这种营养液的好处，却拿不出任何批文。

事后调查证实，"香港第一医科大学"并不存在，该厂在香港注册的名字是"香港第一医科大学××药业有限公司"，不能分开来读。

至于该营养液的生产批文是食品的批文，而非保健品，而该厂负责人自己也觉得把药宣传得跟神药一样，很不合适。说起疗效广告上打着药品100%有效，更是离谱之谈。事后，药品负责人还辩称，药品即使不是百分之百有效，也是97%有效，但很多人都在那剩下的3%里。也就是说，如果老人吃了没有效果，那很可能是因为老人就在那3%里。而实际上，3%的数据是否准确，谁也不知道。

这种商家愚弄、哄骗老年人的恶劣行径着实令人愤慨！下面，让我们细数一下商家常用的六大骗人伎俩。

伎俩一：挖个免费陷阱

（1）免费体检。保健品推销员利用老年人不爱上医院的心理，装扮成"义诊医生"，在像模像样地进行一些血压、血脂常规检查后，拿着检测结果煞有介事地指出消费者患有某些"疾病"，然后开始推荐产品。

（2）免费试用。这种手段通常被"保健器械"经销商们采用。在经过多次试用后，一些消费者由于心理作用而感觉有效，或者多次试用后，盛情难却而购买了该产品，买回后才发现存在很多问题。

（3）免费健康咨询。开设"健康免费咨询热线"，只要有消费者打进电话咨询，对方都会推荐"包治百病"的某种保健品。

伎俩二：用温情麻痹

推销者抓住老人渴望亲情、害怕孤独的心理，隔三差五地打电话问候或带点小礼品上门拜访，嘘寒问暖拉家常，组织老人参加集体联欢，营造融洽的大家庭氛围。老人们往往逐步放松警惕，在情感的支配下购买那些功效不明、价格高昂的保健产品。

伎俩三：人际游说

保健品商家以高薪招纳一批社交网络庞大的业务员，让他们对身边熟悉的老年亲戚、朋友、同事等进行游说、推销。老年人有时碍于情面，有时则因轻信亲近的人而盲目购买。

伎俩四：扔出芝麻收西瓜

老人往往深受勤俭节约的传统思想影响，热衷于接受商家"免费、额外"赠送礼品，而保健品商家往往也会根据老人的兴趣、爱好和生活需要设置购物附赠礼品，一些老人就是在这些礼品的诱惑下盲目购买了商家推销的保健品。

伎俩五：大打品牌招牌

一些保健品商家致力于自身品牌知名度的扩张，铺天盖地片面宣扬"名厂名牌"，使消费者尤其是老年人产生一种误解：肯定是疗效显著，才能这么有名气，买这种产品准没错，因此陷入迷信名牌的误区，而不是根据自身身体状况正确、合理地选用产品。

伎俩六：雇"托"迷惑

雇"托"是不法商家惯用的手段，请来所谓的"专家""学者""权威"在公开场合介绍该产品的"特殊疗效"和发布"权威检测报告"；或指使一些人假冒患者名义写感谢信、送锦旗、现身说疗效；或在销售现场制造抢购产品，制造购者甚众、争先恐后的假象等。

了解了这些伎俩，老年朋友们再遇到这些情况时，就要提高警惕。这些商家也知道老年人法律意识淡薄，基本不会要求商家开发票，如果要求开，他们开的也是假发票，这样日后发生了问题，即便老人的子女想要投诉，也会苦于没有证据或者都是查不到线索的证据而无法挽回任何损失。所以老年人要注意，如果身体出现了不适，一定要去正规的医院，不要轻信推销者的甜言蜜语。

◢ **理财圣经**

骗子商家固然可恨，但老年人自己也要注意时刻提高警惕：天下绝对没有免费的午餐。

第二章 | **"她时代"理财攻略**

培养财商是优秀女性的必修课

曾几何时，"财商"已经同智商、情商一样，成为我们生活中为人熟知的概念了，它不是贬义词，不是唯利是图、金钱至上，财商是一种能力、一种素质，是每一个人都应该拥有的。财商高的女性能够轻松地理顺人生与金钱的关系，善于发现致富的渠道，她们很容易在人群中脱颖而出，作出一番不平凡的事业。她们的生活充满挑战，每一次致富实践都是一次全新的人生历练。

在高度发达的现代社会，女性地位获得了前所未有的提高，呼唤独立、平等，呼唤女性的地位与权利成为女性生活的主题。但不知你有没有想过，如果在经济上尚且无法独立，又怎能获得真正意义上的人格独立呢？女性要成为与男性比肩而立的"第二性"，就应当努力锻炼自己的财商，化被动为主动，不但要以能够养活自己为荣，更应为善于创造财富，迈向事业顶峰而自豪。

其实，女性致富路上的主要障碍不是财富素质，而是财富观念。因为，钱不是从天上掉下来的，创造财富的过程必然伴随着劳累与辛苦，流尽了汗水也许还免不了遭受失败的打击，女性往往担心等到功成名就之时早已年老力衰了，还会担心一个执着于创造财富的女性在别人眼中是多少缺乏女人味的。其实大可不必，只要你付出了，便不会一无所获，你的每一次经历都是宝贵的人生财富，辛苦也罢，劳累也罢，那份心灵的充实感定不会让你失望。

苏珊娜·克拉滕是德国著名投资家库安特先生的女儿。库安特家族作为宝马公司最大的股东，占有该公司近一半的股份。苏珊娜虽然出生于富豪家庭，但勤学上进，严格要求自己。她在英国伯明翰大学获得企业管理学士学位，然后又在瑞士洛桑大学获得工商管理硕士学位，同时也在多家银行和公司工作过，积累了很多经验。

苏珊娜·克拉滕是宝马公司董事会成员，也是阿尔塔纳制药公司的最大股东，因而对两个公司的运行有绝对的发言权。她保持了库安特家族的一个良好的传统，即从不招摇过市，尽量避开媒体。虽然总居幕后，苏珊娜·克拉滕绝不放松对公司的管理。当宝马公司决策失误，购买了英国罗孚汽车公司而造成严重亏损时，是她在董事会上坚持将罗孚公司卖掉，并且力主将负责这一事务的高级经理炒了鱿鱼。同样，当阿尔塔纳制药公司的子公司米鲁帕公司只亏不赚时，也是在她的推动下，阿尔塔纳制药公司毅然将该公司卖掉。她敢于舍弃的果断决策，使这两个公司在德国经济发展缓慢的整体形势下保持了经营状况的稳定，并取得了营业额的持续增长。

宝马公司决定卖出罗孚公司时，曾引起轩然大波。不仅不少宝马公司的管理人员想不通，而且罗孚公司的英国雇员也表示抗议，但苏珊娜不为所动，坚信自己主张的正确，显示了她高出常人的财商和过人的胆识。当然，事实也证明她的决策是完全正确的。

正像苏珊娜所说的，"美女不是花瓶的代名词"。女性努力挖掘自己的财商，培养和提高自己的财商，能够为自己建立稳健的财务结构，为自己积累起丰厚的财富。女性不是养在笼中的金丝雀，不是仅有观赏价值的艳丽植物，女性的财商能够为自己撑起头顶的一片天空，让自己更自信、更出色。享受自己创造的财富，对女性来说，何尝不是一种幸福。

◢ 理财圣经

财商不是天生的，是靠我们后天的努力培养出来的。因此，对于每一个对财富和幸福有着美好追求的女性来说，培养财商也是我们的必修课。

新女性，不做理财路上的"白痴"

提起理财，很多女性可能会觉得头疼，因为理财一定是和数字有着很大的关系，那一长串的数字可能会让人焦头烂额，而事实并不是这样，只要会加减乘除的女性都可以很好地理财。

就像认为理财是面对一堆令人头疼的阿拉伯数字一样，很多女性首先在理财方面就存在着一些盲点，才导致认为理财不是一件容易的事情。

一、对自己没有信心

认为理财是繁杂的数字分析、经济分析，一方面不感兴趣，另一方面认为自己做不好，还有人错误地认为理财就是把钱存进银行。实际上理财并不只是存钱，还包括投资、省钱和赚钱等方面。

二、觉得投资没有安全感，害怕有去无回

这种观念让女性宁愿将钱放在自己的身边也不愿意进行投资。就单单这一点，很可能导致女性的收入没有男性高。相比女性来说，男性更具有冒险意识，能让钱生出更多的钱。

三、觉得自己没有多余的时间进行理财规划

对女性来说，每天忙于上班，下班后还要照顾家庭，所以认为自己根本没有时间进行理财规划。其实完全可以抽出周末的一小段时间进行安排，不要懒于动手。她们明白投资理财的好处，但只是脑袋想想，下不了开始实施的决心，并迈出第一步。

四、缺乏专业知识

投资理财需要一些专业知识做指导，但大部分女性又恰好对这方面知识不感兴趣，导致在投资过程中出现误差，也会因此优柔寡断，患得患失。

新时代女性要想不做理财路上的"白痴"，就要在平时的生活中注意学习理财知识，提高自己的理财水平，这样才能打开财富之路。具体如何学习，以下的方法可以借鉴：

一、阅读有关财经方面的书籍

书籍一般讲得比较细且全，而且现在的书籍都很大众化，在语言上讲求通俗易懂，你完全可以理解里面的内容，不过也要精心挑选好的财经书籍。

二、阅读报纸

关于理财的报纸大多数都比较专业，但也不乏生动活泼的内

容，它们能给你提供最新的理财信息，能迅速提高你对理财相关知识的理解。只要你每天能抽出一点时间来阅读，它就能带给你很多启迪。

三、阅读网上的理财网站

在网络上，你只要在搜索引擎中打入"理财"两个字，就会出现很多的理财网站，上面有很多理财师的建议和案例供你研究学习。而且，网络上资源丰富，可以在腾讯读书、和讯读书、搜狐读书等上面搜到关于理财方面的书。比买书实在，又能学到知识。

在学习了相关的理财知识后，你可以尝试给自己列一个财务计划，规划一下自己的方案。要清楚自己的资产情况，发现自己的经济目标，考虑外界因素的影响。随着你的财富和知识的增加，你可以尝试投资，无论是基金还是债券抑或是股票，你都可以拿来初试牛刀。在理财的过程中，经验也是很重要的，要多向理财的成功人士请教，会理财的人，本身就是一种财富。如果你身边有这样的人，或身边的人认识相关的人，不妨多向他们请教一下。

◤ 理财圣经

新时代女性，要想拥有自己想要的生活，就得认真规划自己的生活，学习如何理财、理好财，只有这样才能真正拥有财富。

选老公，要"潜力股"还是"绩优股"

谈到婚嫁，就不得不说女性在婚恋观念上的转变。改革开放以后，人们的思想得到了极大的解放，女人选择终身伴侣不再像旧社会的包办婚姻，完全都由父母说了算，而是有了更多的自主选择权，所以，更多的女性会选择自己满意的结婚对象，而不是只看家庭状况。但是改革开放30多年后，女性的婚姻观念也发生了很大的变化，很多女性嫁老公不再是凭着感觉走，不再只追求浪漫的爱情，因为越来越多的人认识到爱情不是飞在天上的，而是要落地的。有车有房成为一部分女性选择结婚伴侣的必备条件，选择的伴侣也由当初的父母总觉得条件不够，到如今的父母觉得女儿现任的男朋友够可以了，可女儿还觉得条件低。面对选择，许多女人困惑了，到底是选择"绩优股"还是"潜力股"？

现代人流行将那些本身家庭条件优厚，有车有房族看作"绩优股"，而那些在日后大有作为，而当前条件窘迫的人就成为"潜力股"。对于女人来说，遇到绩优股的男人的概率不是很高，因为大部分男人并不是天生条件优厚，而那些天生条件优厚的男人对婚姻的要求也很高，你自身也需要有相当好的条件，比如，一样的出身名门、享有很高的声誉，或者是名人，更或者是要有高学历、较高的修养、漂亮的脸蛋、好的身材等。其实大部分女人并不具备这样的条件，所以，不是说所有人想嫁"金龟婿"都可以嫁。再说那些"绩优股"也很可能某一天突然降为平民，而"潜力股"则会一路向上。所以，女人应把心态放平，尊重事实，选择"潜力股"做伴侣，为自己的人生增色。

那么，如何去辨别、选择"潜力股"呢？

潜力股的男人有责任感。有责任的人才能成大事，他们能为自己应当承担的责任而努力。

潜力股男人无论风平浪静还是风雨交加，都会是个好舵手，他们总能把握前进的方向。无论在事业上成功与否，在家里他们都是顶梁柱，在必要的时候会站出来力挽狂澜，纠正错误的总是他们。

潜力股的男人让人觉得踏实。这些人不浮夸，兢兢业业，默默地奋斗，总有让人托付终身的理由。

潜力股的男人常常会挑战自我、挑战生活，在成熟、稳重的外表之下有着一颗不羁的心，勇于在困难中突破，在磨砺中不断向前。

潜力股的男人懂得思考，不是那种盲干的人，有着自己的真知灼见，会在前进中不断地反思，在反思中提升自我。

潜力股的男人善于捕捉机遇，通过不断学习，充实自我，蓄势待发，等时机一到就展示出自己最大的能量。

所以，女人在选择伴侣的时候，不要只看到目前他有没有房子和车子，而应看到他以后有没有能力买房买车，用发展的眼光去看男人。一个男人如果是"潜力股"，那么迟早会变成"绩优股"，而一个现在看起来很风光的"绩优股"也可能会在一夜之间变成"垃圾股"。

◢ 理财圣经

女人在选伴侣的时候要慎重，别光想着"绩优股"，错过"潜力股"，最后可能什么也得不到。

全职妈妈也能月入上万元

许多女人认为工作和育儿不能兼得，要么放弃自己的小宝宝去挣钱，要么留在家里做全职妈妈。其实，女人完全可以做到工作育儿两不误。

宋娟的儿子刚满一周岁，自从孩子出生后，她就在一家图书公司找了一份兼职，每个月一定的任务量，压力不大，她差不多每周工作三天，其余的时间陪自己的儿子。这样一个月下来，她不仅能够没有任何负担地完成工作，获得一笔可观的收入，同时也把儿子照顾得很好。宋娟说，对于刚刚做妈妈的女人来说，找一份兼职工作做是最合适的选择，它可以让你不与社会脱节，有利于以后回公司尽快投入工作，还可以为家庭赚取一部分收入，何乐而不为？

其实，对于女人来说，如果因为孩子的原因放弃了工作，一方面家庭收入减少，必然造成生活负担加重，丈夫的压力增大，长此以往，还可能造成家庭的不和谐。另一方面，如果放弃工作一段时间，可能会使自己与社会逐渐脱节，当有一天想融入社会的时候就发现很困难了。在一定程度上，如果自己渐渐与社会脱节，与丈夫沟通的话题也会逐渐减少，接触事物的单一化，很可能是女人变得琐碎唠叨的一个原因。所以，女人在有了小孩以后，如果能够工作，应尽量选择工作。

下面我们就来看看以下女性是如何做到当了妈妈，还能够有不错的收入的。

微微：29 岁

宝宝：3 岁

收入来源：网上开店

收入：8000 ～ 10000 元 / 月

微微的话：怀孕后，我辞掉原来的工作，开始了做全职妈妈的生活。随着女儿一天天长大，我的经验也一天天丰富起来。到她一岁的时候，我就能把家中的大小事宜料理得井井有条了。为了体现自己的小小价值，我决定自己在家做些小"买卖"。因为平时我喜欢在网络商店里买衣服、玩具给女儿，渐渐萌生了投资开一家网络店铺的想法。于是，我联络几位有网络销售经验的朋友，向他们讨教。我发现，这是个投资小、风险低，又不用花很多精力的生财之道。在填写了申请表、选择好店址后，就可以选择销售的物品了。由于刚做妈妈不久，所以对孩子的吃、穿、用都很关注，出售婴儿及儿童用品当然是首选。我的店铺运营得不错，在一年多的时间里，已经在网上成功地进行了1000多宗交易。感触最深的是，网络为每个全职妈妈都开辟了一个自由、广阔的释放能量的空间，凭借网上完善的系统，独自一人就可以完成网下店铺十几人甚至几十人的工作。

女儿是我一手带大的，家里没有请保姆，上午陪女儿，中午女儿睡了，我就在家上网回留言、装包裹、叫快递来运送。做全职妈妈真好！

刘茂：27 岁

宝宝：2 岁

收入来源：业余投资

业余收入：15000 ~ 20000 元 / 月

刘茂的话：几年前，我决定做全职妈妈时，当年一起读 MBA 的同学惊呼我"浪费"了自己。从收入不错的证券公司辞职，连老公也觉得我太草率。可我心里有数，那就是我早就打算实践一下自己课堂上学来的知识。有多年的工作经验做后盾，我相信自己不会比工作时差。

经过半年的"演练"，家人正式认可了我在金融投资方面的才能，他们认为我的确能够"稳操胜券"，老公也鼓励我"胆子可以再大一点"。

股票、基金、理财类型的保险，这些都是我的投资对象。这些投资中掺杂着风险，但正是这种风险和挑战练就了我敏锐的目光，激励我做生活中的强者。尽管在业余投资中有赔有赚，但都不会对我的生活产生太大影响，这就是全职投资与业余爱好的区别。除此之外，有了这个让我接触外界的平台，即使深居家中，也能得到在职场中接受挑战的乐趣。

谁说全职妈妈就不能有收入？只要敢想敢做，没有什么不可能。有时，甚至做全职妈妈，利用自身的时间优势还会有更多的收入。

◢ 理财圣经

作为女人，应该用自己的智慧和胆识去创造财富，让自己的钱包鼓起来，一方面可以为家庭减轻负担，另一方面也可以增强自己的自信心。

第
三
章

退休了，
依靠理财养活自己

你不得不面对的养老问题

人生进入老年，收入减少了，身体变差了，不得不面对的疾病和医疗问题增加了。这对大多数老年人来说，都成了棘手的问题。其实老年人不过就是希望能够老有所养，能够看得起病，但是能满足这样的条件并不容易。

目前存在的养老问题主要是：

一、老龄工作者的苦恼——就业的不稳定

很多老年人在退休后，出于经济的压力，为了自己以后生活考虑，工作的愿望还很强烈。他们十分希望能有更多公司能为其提供岗位，可是综观老龄工作者的市场，他们的就业状况不容乐观。

（1）本身适合老年人的工作较少。目前，中老年人才市场上的用人单位大部分是第三产业，其需要的是身体素质好的工作人

员，而老年人才的体能根本无法适应相应的劳动强度。并且求职的老年人大多希望能离家近，方便些，但是有些工作不可能照顾到这一点。

（2）附加技能条件高。现在的老年人，懂电脑、会外语的人不多，但越来越多的公司开始附加这样的条件，或者要求一些高技术的标准，而大多数老年人都不能掌握这些。对于这些老年人，想要找到一份工作最好还是先参加相关知识培训，这样比较容易就业。

（3）年轻人的错误观念。有技能、有经验的老年人很容易找到工作，因为很多用人单位都优先录用退休人员。一来退休人员经验丰富，可以直接上岗；二来在具有同等工作能力、付给相同薪水的情况下，企业可以不为退休人员缴纳社保金。所以有的年轻人对老年人找工作十分反感，认为是和自己在抢工作。实际上，老年人再就业并没有那么大影响。

（4）再就业情况不均衡。尽管现在有很多网上的、校园的招聘会面向中老年人，但是仍可以看出，老年人才就业呈现出高级人才供不应求，而普通下岗人员求职艰难的局面。再就业情况差别甚大。例如，在市场上，审计师、评估师、会计师、老医生、老编辑等都非常"值钱"，因为他们有丰富的经验和良好的品格，或者有良好的人际网络，这些都是用人单位所需要的。而以前守夜看大门的老大爷一旦退下来，就很难再找到什么工作了。

针对这些老年人就业的情况，社区和社会应当逐渐拓宽中老年人就业渠道，帮助中老年人就业。最好是能为老年人提供一些免费的电脑和英语培训，使老年人能更好地与社会接轨。

二、付不起的账单——高昂的医疗支出

基于老年人的体质特点，他们本身就是一个易发病的群体，患病率要明显高于其他年龄组的人群，尤其是老年人的呼吸系统、循环系统，以及肌肉、骨骼、结缔组织特别容易发病。可以说，人一旦进入老年，便时刻受到疾病的威胁，而老年人对疾病的抵抗和反应能力较弱，很容易生病。一旦发病，他们的病情很容易恶化。

老年人患病的现象极为常见，一人患多病的情况也不少见。如一位老年人可能同时患有高血压、冠心病、糖尿病等多种疾病。这些都说明了老年人更需要医疗照顾，但是，现在住院治疗的费用高，而老年人一般都需要长期医疗护理，这笔费用是他们根本负担不起的。尤其是在农村生活的老人，就更加难以承担相关的费用。

三、晚年不易"安"享——直面不断上升的生活成本

现在退休的老年人多数为 50 多岁，上有老人，下有儿女，生活负担仍然很重。尤其是在面对通货膨胀、物价上升时，他们的生活便开始捉襟见肘了。

北京市海淀区的李大爷说，他今年退休，家里上有老母，下有儿子，而儿子在北京念大学，一年至少要花上 1 万，可是他和老伴的收入加一起每个月不过 2000 元，一个月下来，日子过得紧巴巴的。如果这样下去，他真的不知道还能支撑多久，万一家里有一个人生病了，这日子可怎么过？他一直想再找份工作，好缓解一下家里的经济压力。

据统计，北京像李大爷这样的人还有很多，他们多是下岗或已经退休，可是忙活了一辈子，老了还不能安享晚年，整日为了生计发愁。面对不断上升的生活成本，他们手足无措，日子越过越艰难。

近年来，物价上涨幅度较大，尤其是粮食、肉类等，奶制品，甚至连方便面的价格都在上涨。生活成本不断上升，生活压力不

断增加，对于年轻人来说都是很郁闷的事情，何况是老年人？于是大多数老年人放弃了安享晚年的想法，再次出来就业。这也是现在中老年人才急需再就业的原因。

另外，成年子女不赡养老人，也为老人的晚年生活罩上了阴影。本来老人为儿女付出了一生，但是老了，儿女却因为自己的经济负担，而不愿意照顾老人。即便老人有些养老收入，也只能勉强维持生活，一旦生病，根本不可能支付得起。

所以，对于老年人说，在生活成本不断上升的今天，想要安享晚年，已经十分不容易了。

▲ **理财圣经**

人生进入老年，收入减少了，身体变差了，不得不面对的疾病和医疗问题增加了。因此，人都需要未雨绸缪，妥善解决养老问题。

现在理财，为美好的未来准备

电视上曾有过这样一组有趣的画面：高尔夫球场上，110岁的麦老太太挥动球杆，可是球却怎么也找不到，最后发现是一杆就进洞了，这破了另一个101岁的老人一杆进洞的纪录！

看着电视里老太太灿烂的笑容、黝黑健康的皮肤，观众大概都会产生羡慕之情，她怎么能过得那么休闲，毕竟高尔夫素来是贵族运动呀，也许是她有很多的房产，现在在收租金度日？也许年轻时她就提早准备了一生的财富？也许是继承……

其实这些都不重要，重要的是，我们到底需要多少钱才够养老？你算过这笔账吗？

国际上常用的计算方法是通过目前年龄、估计退休年龄、退休后再生活年数、现在每月基本消费、每年物价上涨率、年利率等因素来计算。退休的年纪可以先预估，男性大致在 60 岁左右，女性大致在 55 岁左右，投资期限就是预估退休的年龄减掉开始的年龄。以抗风险能力来说，年轻时可承担高风险，越接近退休年龄，承受风险的能力也就越低，能做的投资选择也就跟着减少。当然，您也可以和自己的社保养老金账户相结合起来看，这样的话就能更加明确了。

很多人对自己的养老规划没有概念，大多数人说："我单位有养老保险。"还有的人说："现在还早呢，想那么远干吗？"可是如果我们简单地算一笔账，你的想法也许就会改变。

首先我们用一个保守的算法，暂不考虑通货膨胀的因素。

假如你准备 60 岁退休，退休后你每月需花 1000 元，我们按平均寿命 80 岁来计算，你将需要：$1000 \times 12 \times 20 = 24$ 万元的养老金；假如每月需花 2000 元，你将需要：$2000 \times 12 \times 20 = 48$ 万元的养老金。

如果你的身体很健康，生活也很美满，活到 100 岁呢？答案是：活到 100 岁，每月 2000 元，你就将需要 96 万元的养老金！

事实上，几十年间不可能不发生通胀，假如我们以 3% 的通胀计算，如果每月支出 1000 元，而你的寿命是 80 岁，那么，你将需要花将近 60 万元；如果按每月支出 2000 元计算，则将近 120 万元。

上述计算以 3% 的通胀计算，通过 30 年的复利，为 30 年前的 2.42 倍。我们可以回顾改革开放近 30 几年来，我们的工资涨了多少倍，我们的物价涨了多少倍，数值远远不止 2.42 倍。

当我们在工作时，通胀可以通过工资的上涨来弥补，但是当我们退休以后，没有了收入，固定的养老金是不能有效抵御通胀的。所以你的养老时间越长，你要考虑的通胀也就越大，你需要为此做好更充分的准备。

换句话说，如果你60岁开始养老，估计活到80岁，你就得考虑20年的通胀因素，估计活到90岁，你就得考虑30年的通胀因素。

当看到以上的计算结果后，你准备用多少年来准备你的养老金？目前中国大多数人都在用领取社会基本养老保险加上多年工作攒下的家底来养老，但如此之大的资金缺口，意味着没有规划的养老钱作为退休后的来源根本不够。这需要我们从年轻时开始进行个人财务规划，确立目标，合理投资，以使得自己的晚年生活少一些忧虑。

▲ 理财圣经

除非你有信心在退休之前赚到上百万元，否则就得从现在开始学会理财，为将来做准备。

除了儿女，什么还可以防老

中国的传统观念是养儿防老，然而，随着现代社会的变化，传统渐渐被突破。随着"421家庭"的潮涌，希冀子女养老越来越不现实。何谓"421家庭"？即一对独生子女结婚生子后，他们的家庭结构是4个父母长辈、他们2人和1个小孩。这种倒金字塔结构，实在让"塔中央"的人不堪其重。

而且，现代社会，"啃老"已成普遍现象，暂不说责任的问题，在中国传统观念中，父母总是尽心尽力地为孩子付出，即使将他们抚养长大成人了，当他们婚嫁、置房、育儿时，父母还会在必要时帮他们一把。如今房价居高不下，许多小两口的婚房都是由双方父母来支付首付款的。粗略一算，在大中城市，一套两室一厅的房子动辄上百万元，首付款最低也得二三十万元，再加上结婚的彩礼、添丁时的喜费等财务上的支出，让退休生活又多了一些忧虑。

当养儿防老的思想已经渐行渐远的时候，我们还能拿什么防老？这是在我们年轻的时候就应该做好打算的。

人到老年所面临的保障需求主要是以下三类：健康医疗保障、充足的养老金保障、防止意外伤害保障。

首先，老年人属于社会的弱势群体，自身患病的可能性比其他群体的概率要大得多。也正因为如此，保险公司在审核有关中老年人的健康医疗投保时相对比较严格。在国家的社会医疗保障体系不够完善的情况下，必须要通过商业医疗保险来寻求更全面的健康保障，因此对未来老年保险保障的规划首先需要考虑的应该是健康医疗保险，如重大疾病保险、终身医疗保险等。对于医疗险的选择，应以保障期间长的产品作为首选，如平安守护一生终身医疗保险等。

其次，如何为老年准备充足的养老金？社会保险给我们提供了最基本的养老金，但我国实行的是"保而不包"的政策。要想退休后能尽享天年，年轻时就必须重点规划好未来的养老金。目前市场上应对养老的金融产品多种多样，但对养老金的规划必须是一种绝对安全、稳健的渠道，因而养老型保险是一种很好的途径。

根据上述分析的老年阶段的人生需求，为自己能有一个安详的晚年，做一份规划是非常必要的。

◀ 理财圣经

当养儿防老渐行渐远时，老年人别忘了还可以用养老保险防老。

老年人不得不知的理财五原则

老年人理财，既不可能像年轻人那样冒险博弈，也不能抱着毫不在意的态度，以为能挣点就挣点，挣不到也不必太上心。实际上，对于老年人来说，稳健的投资策略比较符合实际，但是太过保守也就谈不上是理财了。因此，理财应当坚持以下五个原则：

一、安全原则

对于老年人来说，钱财安全是理财的第一要领。先保本，再想着增值也不迟，毕竟那些钱都是多年积攒下的，是晚年的老本，所以，在理财的原则中，安全第一。

二、方便原则

理财时要考虑到取用时的方便。老年人容易生病，没准什么时候就需要用钱，所以为了取用方便，应当尽量在离家近的地方有一些活期存款，最好能有一张银行卡，可以供自己随时取用。

三、增值原则

老年人基本上没有什么其他的收入来源，所以若是能在投资理财的同时，让资产有所增值，就是上策。老年朋友可以利用比较安全的定期存款和国债来进行投资，既能保证资金的增加，又能保证稳妥。

四、专款专用原则

养老金的规划和打理必须专款专用，千万别在积累的过程中突然将这笔钱抽离，一定要让这些钱真正成为未来晚年生活的储备，到了一定的年龄之后才使用，而不是作为股票投资或其他有风险存在的投资行为的临时备用金。只有做到专款专用，养老金的储备才能在若干年后成效斐然。

五、适度消费原则

很多老年人因自己年轻的时候生活困苦，受到传统生活习惯的影响，从而十分节俭，除了攒钱，什么都不考虑，这样实际上并不好。老年人应当适度消费，积极改善自己的生活，尤其是投资自己的健康，提高生活质量。旧的观念并不能带给老人快乐幸福的晚年。既然有消费的条件，为什么还要让自己过得太艰苦？

介于老年人的身体和经济状况，最好只做一些风险较低的投资。理财专家也建议老年朋友们不要心急，理财应以稳妥的收益为主，风险大的品种最好不要考虑，切不可好高骛远、胡乱投资。

至于投资项目，专家认为，老年人最好偏向考虑存款、国债、货币型基金、银行理财产品等低风险品种，倘若真的对股市投资十分感兴趣，且身体和经济条件都允许，也可做小额的尝试。

◢ 理财圣经

投资理财应当遵循一定的原则，老年人理财也不例外。唯有遵循了这些原则，老年人的理财之路才会风险小、更安全。

第六篇
家庭理财万事通

念好家庭这本难念的经

家庭理财，规划是重点

家庭理财是理财学中的一个极其重要的分支，它的推广运用为现代家庭带来了很多方便。

从概念上说，家庭理财就是在家庭当中学会有效、合理地处理和运用金钱，简单来说就是要会花钱，让自己的花费能够发挥最大的功效，使买到的东西物有所值。在家庭中，通过利用企业理财和金融的方法对家庭经济（主要指家庭收入和支出）进行计划和管理，可以增强家庭经济实力，提高抗风险能力，增大家庭效用。家庭理财不是单纯地让你一定把一个钱掰成两个钱花，拮据度日，而是要你在节省之余合理分配运用剩下的钱，使"钱生钱"。

俗话说："吃不穷，穿不穷，不会算计一生穷。"家庭收支要算计，"钱生钱"也要会算计。而这种算计，就是我们平时所说的理财。人的一生，总是会遇到一些生老病死、衣食住行方面的问题，而这些问题的解决都离不开钱。因此，家庭理财是我们每一个人都应该掌握的一门功课，它并不局限于家庭收入的多少。

一般说来，一个完备的家庭理财规划包括以下 8 个方面：

（1）职业计划。稳定而优秀的职业薪酬是家庭收入的最重要来源。选择职业首先应该在自我评估的基础上作出合理的职业人生规划，其次积极通过网络媒体、纸面媒体或其他渠道大量搜集招聘信息，进而逐步实现自己的职业目标。

（2）消费和储蓄计划。你必须决定一年的收入里有多少用于当前消费，有多少用于储蓄，以避免成为赚的多、剩的少的"月光族"。与此计划有关的任务是编制资产负债表、年度收支表和预算表。

（3）个人税务筹划。个人所得税是政府对个人成功的分享。在合法的基础上，你完全可以通过调整自己的行为达到合法避税的效果。

（4）投资计划。当我们的储蓄一天天增加的时候，最迫切的就是寻找一种投资组合，能够把收益性、安全性和流动性三者兼得。合理制订个人的投资计划，就可以获得较为丰厚的回报。

（5）保险计划。随着你事业的成功，你拥有越来越多的固定资产，你需要财产保险和个人信用保险。为了你的子女在你离开后仍能生活幸福，你需要人寿保险。更重要的是，为了应付疾病和其他意外伤害，你需要医疗保险，因为住院医疗费用有可能将你的积蓄一扫而光。

（6）债务计划。我们对债务必须加以管理，将其控制在一个适当的水平上，并且尽可能降低债务成本，其中要重点注意的是信用卡透支消费。

（7）退休计划。退休计划主要包括退休后的消费和其他需求及如何在不工作的情况下满足这些需求。光靠社会养老保险是不够的，必须在有工作能力时积累一笔退休基金作为补充。这段时间的主要内容应以安度晚年为目的，投资和花费通常都比较保守。理财原则是身体、精神第一，财富第二，尽量将理财风险降到最低。

（8）遗产计划。遗产规划是将个人财产从一代人转移给另一代人，从而实现个人为其家庭所确定的目标而进行的一种合理财产安排。其主要目标是帮助投资者高效率地管理遗产，并将遗产顺利地转移到受益人手中。

假如你手头有 1 万元现金，你是选择一掷千金和家人好好出去游玩一把或者饱餐一顿，或者是存入银行获得利息，抑或是选择小冒风险投身于股票投资的浪潮之中，还是其他？同样一笔钱不同人会作出不同的选择，没有最优只有最适合，适合自己的就是最好的。

有时候我们离财富其实只有一步之遥，一步之外就是彩霞满天。

理财规划的好处和优势就在于，能提高自己一生中拥有、使用、保护财富资源的有效性。提高个人的财富控制力，避免过度负债、破产、依附他人寻求财富安全等问题的产生。提高个人经济目标的实现力，拥有不再困囿于未来开支的自由感。如果我们从 30 岁开始理财，那么可以想象，10 年之后当我们 40 岁的时候，其他人可能还在为 10 年前的问题住房、孩子教育、养老等问题继续烦恼着，我们已经达到了财务上的相对自由。

因为有了完备的家庭理财规划，可以在发生财务风险时保护自己和家庭；可以有效减少个人债务；可以毫不费力地支付孩子的养育成本和大学费用；支付孩子将来的结婚费用；为买房、买车添一臂之力；可以使自己能按照希望的生活方式退休；可以有助于支付长期看护费用；可以在未来将财富转移给下一代。

如此看来，三十而"理"，四十而获，以后的时光便能安享财富人生了。

◢ 理财圣经

有钱理财生财，没钱更要理财。家庭理财需要做好理财规划，用心才有钱。

家庭理财的 10%法则

进行理财相关安排时，很多家庭常表示不知如何准备各种理财目标所需的资金。"10%法则"是指把每月收入的10%存下来进行投资，积少成多，将来就有足够的资金应付理财需求。

例如，你每个月有6000元收入，那么每月挪出600元存下来或投资，一年可存7200元；或者，你已经结婚，夫妻都有收入，每月合计有12000元收入，那么一年就可以有1.44万元进行储蓄或投资。每个月都能拨10%投资，再通过每次进行的复利结算，经年累月下来，的确可以储备不少资金。如果随着工龄的增加薪资也跟着调高，累积资金的速度还会更快。

从每个月的工资中抽出10%作为投资储备金并非难事，只是常有人表示偶尔省下收入的10%存下来是有可能，但要每个月都如此持续数年可不容易。往往是到下次发薪时，手边的钱已所剩无几，有时甚至是入不敷出，要透支以往的储蓄。会觉得存钱不易的人，通常也不太清楚自己怎么花掉手边的钱，无法掌握金钱的流向；有钱存下来，一般都是用剩的钱，属于先花再存的用钱类型。

这类人若想存钱就必须改变用钱习惯，利用先存再花的原则强迫自己存钱。在每个月领到工资时，先将工资的 10% 抽出存入银行，然后将剩下的钱作为一月的花销仔细分配。

另外可以把各类开销分门别类，就可以知道花费在食、衣、住、行、娱乐等各方面和其他不固定支出的钱有多少，并进一步区分出需要及想要，以便据此进行检讨与调整。

需要及想要是常用的消费分类方式之一，例如买件百元上下的衬衫上班穿是需要，买件数千元的外套是想要；一餐十元作为午餐是需要，午餐以牛排满足口腹是想要。透过记账区分出需要与想要后，买想要的东西要三思后行，尽可能压缩想要的开支，你会发现除了一开始从工资抽出的 10%，减去各种支出花销还有部分结余。

所以，每个月拨出收入的 10% 存下来只是个原则，能多则多，实在不行，少于 10% 也无妨；重要的是确实掌握收支，尽可能存钱。

假定有一个身无分文的 20 岁年轻人，从现在开始每年能够积蓄 1.4 万元，如此持续 40 年，并且他每年将存下的钱用作投资，并获得年均 20% 的投资收益率，那么到 60 岁，他能累计起 1.0281 亿元的财富。这是一个令大多数人都难以想象的数字，亿万富翁就是如此简单地产生的。只要你能够持之以恒地坚持 10% 法则，也许你就是下一个百万富翁！

为了帮助自己坚持 10% 法则，可以利用定期定额投资法持之以恒的累积资金。定期定额是指每隔一段固定时间（如每个月）以固定金额（如 5000 元）投资某选定的投资工具（如某共同基金），根据复利原则，长期下来可以累积可观的财富。

◢ 理财圣经

坚持家庭理财的法则，有助于规避理财弯路。

理财中的小定律大哲学

就像牛顿定律作为古典力学的基本定理一样，家庭理财也有一些基本定律需要遵循。这几条理财的数字定律非常简单，容易为我们这些非专业人士所理解，并为生活提供一些指导。

一、家庭收入慎安排——4321 定律

家庭收入的合理配置比例是，收入的 40% 用于供房及其他项目的投资，30% 用于家庭生活开支，20% 用于银行存款以备不时之需，10% 用于保险。

例如，你的家庭月收入为 2 万元，家庭总保险费不要超过 2000 元，供房或者其他证券投资总起来不要超过 8000 元，生活开销控制在 6000 元左右，要保证有 4000 元的紧急备用金。

小贴士：本定律只是一个大致的收入分配模型，不同家庭的具体分配会根据风险偏好、近期目标、生活质量设定等有所变动，但定律的作用就是提供最基本的依据。

二、投资期限肚中明——72 定律

不拿回利息，利滚利存款，本金增值 1 倍所需要的时间等于 72 除以年收益率。

公式：本金增长 1 倍所需要的时间（年）=72÷年回报率（%）

例如，如果你目前在银行存款 10 万元，按照年利率 3.33%，每年利滚利，约 21 年半后你的存款会达到 20 万元；假如你的年收益率达到 5%，则实现资产翻倍的时间会缩短为 14 年半。

小贴士：为了缩短你的财富增长速度，就需要合理组合投资，使组合投资的年回报率在可承受的风险范围内达到最大化。

三、炒股风险看年龄——80 定律

股票占总资产的合理比重为，用 80 减去你的年龄再乘以

100%。

公式：股票占总资产的合理比重＝（80－你的年龄）×100%

例如，30岁时股票投资额占总资产的合理比例为50%，50岁时则占30%为宜。

小贴士：随着年龄的增长，人们的抗风险能力平均降低，本定律给出一个大致的经验比例。需要说明，这个比例与4321定律所指出的40%的比例需要比较，主要考虑基数是家庭收入还是总资产。

四、房贷数额早预期——31定律

每月的房贷还款数额以不超过家庭月总收入的1/3为宜。

公式：每月房贷还款额＝每月家庭总收入÷3

例如，你的家庭月收入为2万元，月供数额的警戒线就是6666元。

小贴士：本定律可使你避免沦为"房奴"。需要注意，4321定律要求，供房费用与其他投资的控制比例为40%，即1/2.5，其中1/3（即33%）若用于供房，以此推算，则收入的7%可用于其他投资。

五、保额保费要打算——双10定律

家庭保险设定的恰当额度应为家庭年收入的10倍，保费支出的恰当比重应为家庭年收入的10%。公式如下：

家庭保险额＝家庭年收入×10%

例如，你的家庭年收入为20万元，家庭保险费年总支出不要超过两万元，该保险产品的保额应该达到200万元。

小贴士：本定律对投保有双重意义，一是保费支出不要超限，二是衡量我们选择的保险产品是否合理，简单的标准就是判断其保障数额是否达到保费支出的100倍以上。

◢ 理财圣经

理财很高深，却也很通俗。要走好自己的家庭致富之路，除了要学习前人的经验，也需要自己的实践。这些理财定律都是生活经验的总结，并非一成不变的万能真理，还是需要根据自己的家庭情况灵活运用。

家庭理财——记好，看好

有很多家庭都有理财的打算，但一具体到如何理财，很多人又立刻犯了难：家庭财产究竟如何打理？如何做能更加可行？下面我们给出了两条可行建议以供参考：

一、记好家庭理财这笔账

在家庭理财中记账最为实用。一说记账有人就乐了，"不就是记账么，这还不简单？"但是记账确确实实是一门学问，人人都会记账，未必人人都懂得记账。

首先，要明确记账的目的和内容。

记账不单是简单记录一些家庭的收支数据，更重要的是通过掌握家庭财产信息，明确哪些是家庭必要开支，哪些是可节省下来的开支。通过记账对家庭资产与负债有所了解，对收支状况的分析。所以记账是基础，是为以后理财做基础数据。如果没有这个，家庭理财就是无本之源。记账除了记录一些数据的。还可以随手记录一些新鲜的理财理念、最新的财务和投资预算，以及理财心态的变化。

其次，要学会记账的方法。

许多人的记账，就是把每天的开支一笔笔地记下来，完全是流水账，不统计分析，也不控制，更无规律。这样的记账方法很难持之以恒，就算勉强坚持记录下来，也只能像一些琐碎的日记而没有起到实质性的理财作用。

实际上，家庭记账也是一门科学，必须按照科学的方式来进行，才能有效果。记账应该具备最基本的两个要素：一是分账户，就是要有账户的概念。记账可以按成员、银行、现金等项目进行分类，不能把所有收支统在一起，要分账户来记；二是分类目。收支必须分类，分类必须科学合理，精确简洁。除此以外，还要保证记账的及时性、准确性、连续性等。

最后，要会利用理财软件巧记账。

家庭事务比较零碎，特别是家庭开支方面事无巨细。工作回家已是疲惫不堪还要用纸笔来记账，确实不太容易。你可以选择合适的理财软件来帮忙记录，免去动笔的麻烦。要想坚持记账，一是要减少记账的工作量，二是要降低记账的枯燥性，三是要记出效果来。

软件记账可以实时进行统计分析，如收支分类统计，比较图，账户余额走势图，每月收支对比，收支差额，预算与实际对比等。有这样图表，就不会枯燥。如果是纸笔来记，你会花费时间在每个月底作统计与分析吗？所以这些事后的工作交给软体自动完成，又省了不少事。

再就是利用好软件中的理财目标，财务报警计划，收支预算等项目，使自己真正地走到理财的专业性上来。

二、不光会记，还要会看

租房子 1500 元，交通费 600 元，理发 180 元，买菜 900 元……刘太太看着自己记的账单心疼不已，不到半个月家里开销就这么大了，也没见买什么大件商品可是钱就一天天出去了。她觉得很奇怪，她也是天天记账，可是家里的开销就是不见少过。

很多人有刘太太这样的疑惑，感觉天天记账，却不怎么见有效果。记账没错，可是他们却不懂得如何看账。同样是看账本，但许多人根本就算不清楚账单应该怎么来看。他们往往是凭借自己的感觉来判断该不该花，该不该拿钱出来投资。

其实，看账本搞形式主义。在家庭理财中，你应该懂得看账本的方法。要通过看账单，分清哪些钱该花，哪些钱不该花，看一下不该花的钱下次能不能省出来。同时通过掌握家里的收支状况合理安排家庭剩余财产，根据自家的情况作出合理安排。

平日里除了看账单，总结家庭支出的不足以待改进，还要养成每天看新闻和读报的习惯。把看电视剧的时间节省下来看新闻，并且每天看报纸，可能你会觉得这种事太简单了，但做起来并不简单，枯燥难懂的经济学用语可能会让你头痛，报纸上密密麻麻的字也会让你产生压迫感，但毅力是让你成功地走上有钱人生活道路的秘诀。为了投资股票，你要开始关心政府政策，要把读报的习惯坚持下去，这样会使你了解经济运行的规律，如果连这些努力都不想付出，你是无法从股票投资中获得利的。

看报纸内容其实也有技巧，要多看财经版块的金融行情，因为那会对你的理财投资项目有直接影响，另外也要总结别人的理财经验作为自己的借鉴。久而久之你也会成为一名理财专家。

◢ **理财圣经**

总的来说，家庭理财要坚持两点：利用软件巧记账；多看报纸和金融书刊。秉持以上理财要点，相信你很快便能够让自己的家庭不为钱财所困扰。

夫妻努力，
共奔"钱"程

分工合作，唯"财"是举

在一个家庭之中，大大小小的事情常常搅得你头痛脑晕，感觉不知从何处着手，然后不由得感叹："真是事儿太多了！"这时不妨思考一下，你们是不是在家庭任务规划上出了问题，你的那个他／她是否可以帮你一下呢？

王余的家庭组建已整整10个年头了。10年来，他和妻子在当家理财上实行的是既有分工又有合作的理财方式，没想到这小日子还过得美满幸福，家庭经济积累也逐年增加。

他俩属于工薪族家庭，王余在县城国家机关，妻子在一家企业单位。初结婚那阵，他们就订了"君子协定"：王余领的工资由他存着，只在购买大件、买房子及孩子读书时使用；而妻子由于企业效益不大好，工资较低，所以她挣的工资作为家里的零用钱，由妻子掌握日常开销。例如，柴米油盐酱醋茶等。当然小宗开支可由妻子一人说了算，而大宗花销则由"家务会"来集体讨论决定。

10年来的实践证明，女人在花钱上比男人更细心，会计划，一般买东西总要货比三家，反复砍价，最后才掏钱购买。而每当妻子在主动购买东西时也会征求王余的意见。10年来，王余家用"分工合作"这个特殊的理财方式操持家业，效果十分不错，家庭事务安排得井井有条。

由于男女所擅长的重点不同，中国的很多家庭仍然像王余家这样实行"男主外，女主内"的分工合作的理财方式。夫妻分工合作理财存在不少好处：

一是打破了传统的"男人是挠钱耙耙，女人是攒钱匣匣"的陈旧理财观念，由夫妻双方共同挣钱，共同理财，使夫妻双方都有了经营家庭经济的责任心。

二是增加了夫妻双方的经济压力。分工理财是两本账，谁也不想让自己的账面出现亏损，平时该节俭的就节俭。

三是夫妻双方都有经济主动权，体现了家庭成员之间的男女平等。用不着相互瞒着对方攒什么"私房钱"或设立什么"小金库"，在一定程度上又促进了夫妻间的相互理解和信任。

在部分家庭中，一些女主人为了控制家庭的财权，会要求丈夫把所有的钱都交给自己来管。这样做表面看起来可能没什么问题，但其实隐藏着一些家庭矛盾的潜在风险。聪明的女主人不妨交出部分投资权给丈夫，比如女主人在规划好家庭资产的配置比例后，可以将一部分有承受一定投资风险的品种选择权交给丈夫。一方面，男性天生喜爱冒险和刺激，这种"投资权"可以一定程度满足丈夫的天性偏好；另一方面，丈夫也会感觉到自己对家庭资产有一定控制，不会在心理层面产生逆反和潜在矛盾。通过夫妻分工协作，把家里的财管好，处理好。

▲ 理财圣经

夫妻同心，齐力断金。在家庭中，夫妻可以根据各自在理财管理所擅长之处进行分工协作。

一颗红心为财富，育儿理财两不误

舒慧大学学的是英语专业，原本有一份不错的工作，孩子出生后，因为老人无法带，请保姆又不放心，听说全托又会让孩子孤立无助很可怜，于是她决定辞职。偶然间听说哪家孩子得了自闭症更是令她坚定了当全职妈妈的决心。

比起在公司上班，带孩子要更加辛苦，可是看见自己的孩子一天天长大，舒慧却是很欣慰。现在照顾女儿两年了，小家伙按时吃饭，丈夫一回家就有温馨的环境，一家子其乐融融。

当然，这种选择也有一定风险。为了跟上时代的脚步，舒慧一边在家带孩子，一边也不忘充电、学习。舒慧的英语说得依然很流利。邻居听说后，也把小孩儿送到她家让她教一会儿英语，当然，邻居也会付她部分学费。

这样，舒慧既照顾了自己的孩子也没忘巩固英语，而且还为家庭增加了收入，这是一举三得。

可能并不是每一位妈妈都像舒慧这般幸运，但是只要你合理安排，理财、育儿是可以做到两不误的。随着爱情结晶的呱呱坠地，你的生活又进入了一个崭新的阶段。养儿育女是人生的一个重要任务，当今社会，把一个小孩抚养成人，可真是一件不容易的事情。除了费心费力外，各种开支，如参加补习班、兴趣班，教育经费高得惊人。子女教育支出大约占一生总得的 20%以上，但究竟花多少钱，很难预料。准备子女教育金要尽早预算、从宽规划。由于通货膨胀和费用增加，孩子年龄较小的时候费用较低，随着他／她年龄的增长，所需要的费用会越来越多。因此，要想使孩子受到良好的教育，必须从孩子出生前就做好规划。

在考虑到儿女的教育投资后，父母可以合理安排资金，进行其他方面的理财安排。在这一阶段里，家庭成员不再增加，家庭成员的年龄都在增长，家庭的最大开支是保健医疗费、学前教育费、智力开发费。同时，随着子女的自理能力增强，父母精力充沛，又积累了一定的工作经验和投资经验，投资能力大大增强。

这一阶段，你应进行积极的投资，将资金合理分配于基金、保险和国债等各个投资渠道。保险应考虑定期寿险、重大疾病险及终身寿险。随着收入的增加，每年应保持年收入 10%的比例投入保险才算合适。

在投资方面可考虑进行风险投资等。购买保险应偏重于教育基金、父母自身保障等。这一阶段里子女的教育费用和生活费用猛增，财务上的负担通常比较繁重，那些理财已取得一定成功、积累了一定财富的家庭，完全有能力应付，故可继续发展投资事业，创造更多财富。而那些投资不顺利、仍未富裕起来的家庭，则应把子女教育费用和生活费用作为投资的重点。在保险需求上，人到中年，身体的机能明显下降，对养老、健康、重大疾病的要求较大。

不少父母有了孩子后会考虑买车。购车要根据经济承受能力，不可冲动，应估算自己每月节余多少钱，是否有能力养车。车子并非越贵越好。购新车困难时，可考虑二手车。一般情况下，只要新车一"落地"，价值上就会打七折。成长期的家庭每月可能还要还房贷。如今宏观经济正处于高增长的年代，有钱并不一定急着还贷，完全可以利用房屋的杠杆效应，获得比房贷利率更高的回报。

如果你不想整日拼命工作仅仅是为了生活需要进行储蓄，那么你应该先用你的收入去投资，再以投资的收入去改善生活，收获幸福人生。

◢ 理财圣经

在现代社会，理财育儿两不误，未来生活才会更幸福。

离婚是最大的破财——金钱和离婚

最和谐的夫妻是在爱情里生出了亲人般的依恋，亲情里缠绵着爱情最初的誓言。而家庭是夫妻的一项共同"产业"，有人经营得有模有样，"产业"发展进入了良性循环，蒸蒸日上；有人管理不善，"产业"发展进入了"冰河世纪"，濒临"解体"；而有人放弃了努力，"产业"已经"资不抵债"，只能宣告"破产"。离婚是人生最大的破产，破产不仅意味着双方爱情生活的终结，同时也可能带来财产和金钱的流失。

所以，为了不因离婚而人财两失，我们要好好地算一算离婚这笔经济账。

一、最省成本的方式——协议离婚

按照国家《婚姻登记条例》关于"当事人办理婚姻登记或者

补领结婚证、离婚证应当交纳工本费"的规定，在协议离婚时，需要交纳一些工本费和登记费。工本费的收费标准由国务院价格主管部门会同国务院财政部门规定并公布。

就目前来说，各地规定的离婚证工本费差别不大，大约 10 元。当然，有些地区登记部门还会收取一些服务性费用，比如照相费等，这些费用并不是必须交纳的，有权拒绝。

二、多种成本累加——诉讼离婚

诉讼费用。一旦离婚案件进入了法院诉讼程序，当事人就需要支付相应的案件诉讼费用，这也是一笔不小的支出。

律师费用。律师代理费现在大多实行的是协商收费，虽各省都有律师收费标准，但是在实际执行中还是以协商为主。这是因为，无论哪个标准对不同的律师都会存在过高或过低的情况。律师收费不仅和案件的财产数额有关，更和案件的难易程度有关。

财产评估费。双方需要分割的财产究竟价值几何，这也是离婚双方有最多争议的一个问题。对于需要分割共同财产的无法达成一致的夫妻，并且双方又无法通过竞价来对财产进行评估的，法院会要求原告申请评估。评估机构需要在法院给定的机构中进行选择。

财产保全费。在离婚案中，为防止一方转移财产，导致判决生效后不便执行，律师一般会建议当事人向法院申请财产保全。向法院申请财产保全也需要交纳相应的费用。

法院执行申请费。在人民法院作出的离婚判决或调解书生效后，并不代表你的离婚花费支出已经到了头。如果一方当事人对法院的判决或调解结果故意不予执行，这时就需要申请法院强制执行。法院就要收取执行申请费。

三、无形财产流失——离婚析产

曾经的天长地久、海誓山盟在现实面前却往往经不起考验。梁峥嵘和徐凝在经历了七年之痒后，从恩爱夫妻走上了离婚之路。值得庆幸的是，双方都还比较理性。2009 年，在平和的气氛中，这对夫妻达成了离婚协议，离婚协议中对女儿的抚养进行了约定，也对双方的共同财产进行了分割。然后，夫妻二人和平分手，各奔东西。

令梁峥嵘做梦也没有想到的是，就在这场失败的婚姻结束半年之后，他却收到了一张来自法院的传票。原来他的前妻徐凝一纸诉状，将他告上了法庭，要求分割其在某建筑公司享有的 25% 的股份。经过长时间的复核再诉讼，法院依法判决原来由被告梁峥嵘享有 25% 的股权中，由原告徐凝和被告梁峥嵘各半分割。

近年来离婚率呈现上升趋势，离婚时双方签署离婚协议的情况也非常普遍，这种做法本身值得提倡，因为它避免了分手时的吵吵闹闹甚至就此反目成仇，本是一件好事。但大家在好离好散的同时，也应当谨慎，注意厘清两人的财产关系。在根据双方实际情况共同协商时要尽量考虑全面，避免出现遗缺，尽可能避免在完成财产分割后再要追加分割财产的情况，从而耗费更多的时间、精力和财力。

为了避免这样的情况发生，在离婚协议书中，应当内容全面、用词精确、表述得当，尽量把该考虑的情形都考虑进去，该明确的关系都加以明确，尤其避免出现容易引起歧义的字句，以免日后引起不必要的纠纷。如果双方都不具备相关法律知识或完整的表述能力，最好请专业律师来帮助拟订离婚协议书。

此外，离婚所造成的时间成本、精神压力成本、情感成本等都是无法估量的。所以有人说，离婚是最大的破财，可见用心经营好婚姻或许是最"省钱"的方式。

▲ 理财圣经

在不得已需要离婚时，夫妻双方需要核实好各自的财产，以免出现不必要的财产纠纷，尽量通过协议离婚的方式将离婚成本最大限度地降低。

复杂的财物问题——再婚家庭理财

离婚不再是一件"不能说的秘密"了，根据民政部近10年发布的民政事业发展统计报告，我国离婚人数已经连续递增。近年来，中国的离婚率呈现日益上升之势，同时也有不少的离婚人士在经过心理调整之后又陆续组建了新的家庭。

龙女士和张先生是再婚家庭，并且都负责自己子女的抚养。龙女士是银行职员，有一个5岁的儿子；张先生是外企部门主管，月薪约8000元左右，并有一个6岁女儿。龙女士儿子的生活开销由她与前夫各负担一半，扣除这部分母子两人每月大概有3000元的开销；而张先生女儿的生活开销全部由他负责，两人每月消费在4000元左右。现在一大家子人都住在张先生的按揭住房里，房子市值85万元左右，还有30万元贷款未还清，他们双方约定共同来还贷，但不打算一次性付清，还是通过月供方式偿还，而生活及子女教育各自管理。

有关专家分析，再婚和第一次婚姻有很大不同，再婚者面临着心理、人际关系、家庭经济等方面的问题和压力。许多再婚者有婚姻失败的阴影，战战兢兢踏入新家庭，对另一方存有戒心，自然不自然地会在感情和经济上有所保留，唯恐全部投入后，换来的是又一次伤害。同时，由于涉及第一次婚姻所生的子女，如果再加上新婚后生育的子女，会使再婚者的家庭关系更为复杂，各种消费和理财也比普通家庭多，所以再婚家庭理财应注意以下基本原则。

（1）加强沟通交流。两个经历失败婚姻的人重新结合在一起，一定要加倍珍惜，特别是在个人财务上，双方要以诚相待，不要相互保留和隐瞒，并注重加强家庭理财的交流和沟通。一般来说，夫妻双方在家庭理财上可能会有一方注重稳健，一方注重收益，两人存在很好的互补性，可以相互学习和交流。单从理财技能上说，再婚生活也是一个再学习的过程。

（2）婚前可做财产公证。多数再婚者再婚前会有个人的积蓄，有的还会有工厂、店铺等固定资产，为了保持经济上的合理平等以及防止婚姻破裂而引发经济纠纷，双方或一方婚前财产较大的再婚家庭，宜进行婚前财产公证，从而避免纠纷，更好地维护家庭和睦。

（3）AA制为不错选择。在加强交流沟通的基础上，以及相对透明的状态下，夫妻两人可以实行AA制理财，因为再婚夫妇的双方不但要负担各自父母的养老等正常开支，还要对不跟随自己的子女尽到责任和义务，如果"财务集中"的话，容易因"此多彼少"等问题引发矛盾，所以，各自财务独立的AA制对他们来说最合适不过。

（4）共同分担经济压力。许多再婚的女性，往往因为找了一个经济条件好的丈夫，便认为找到了靠山，从而放弃了个人的工作和事业。俗话说"手心向上，矮人三分"，即使丈夫再有钱，家庭条件再好，再婚女性也要自立，一是能保持自己的家庭地位，再者也能分担丈夫的经济压力，从而共同创造小家庭的美好生活。

（5）增强家庭抵御风险的能力。大多数再婚家庭，夫妻双方年龄相对较大，而且孩子还处于学习阶段，家庭风险性相对较大。再婚家庭可以通过购买商业保险的方式增强自己的抗风险能力。如可以买养老性质的商业保险，同时还可购买重大疾病险、住院医疗附加险以及适量的寿险，以防止因自己出现意外而影响家庭的生活质量。另外，为保证孩子有充足的教育基金，再婚夫妻双方可以为孩子购买教育型保险，但一定要注意一碗水端平，无论是否跟随自己，双方的孩子都要考虑。

▲ 理财圣经

　　离婚后经过心理调整之后又陆续组建了新家庭的夫妻双方要注重在财产上的沟通，婚前采取财产公证，可以采取 AA 制的方式，加强抵御风险的能力，共同承担经济压力。

工薪家庭的理财策略

工薪家庭投资理财 8 种方式

世界上什么类型的家庭类型最多？答案当然就是工薪家庭。虽然在今天个人创业甚为流行，但是那还是少数，大多数家庭成员还是在过着"早出晚归""朝九晚五"的上班族的日子。富豪家庭屈指可数，饭不饱食的家庭也寥寥可数，大部分家庭都被归为工薪家庭。

如今，家庭投资理财越来越受到人们的重视，但从现实讲，工薪家庭内部资源有限，家中并没有太多的资产拿来投资，因此并不是所有的投资方式都适合于工薪家庭。

一、储蓄——基础

储蓄是银行通过信用形式，动员和吸收居民的节余货币资金的一种业务。银行吸收储蓄存款以后，再把这些钱以各种方式投入社会生产过程，并取得利润。作为使用储蓄资金的代价，银行必须付给储户利息。因而，对储户来说，参与储蓄不仅支援了国家建设，也使自己节余的货币资金得以增值或保值，成为一种家庭投资行为。银行储蓄被认为是最保险、最稳健的投资工具。这是深受普通居民家庭欢迎的投资行为，也是人们最常使用的一种投资方式。储蓄与其他投资方式比较，具有安全可靠、手续方便、形式灵活，还具有继承性的特点。储蓄投资的最大弱点是，收益较之其他投资偏低，但对于侧重于安稳的工薪家庭来说，保值目的可以基本实现。

二、股票——谨慎

将活期存款存入个人股票账户，你可利用这笔钱申购新股。若运气好，中了签，待股票上市后抛出，就可稳赚一笔。即使没有中签，仍有活期利息。如果你的经济状况较好，能承受一定的风险，也可以在股票二级市场上买进股票。股市风险的不可预测性毕竟存在，高收益对应着高风险，投资股票对心理素质和逻辑思维判断能力的要求较高，工薪家庭要谨慎。

三、债券——重点

债券投资，其风险比股票小、信誉高、利息较高、收益稳定。尤其是国债，有国家信用做担保，市场风险较小，但数量少。国债的流动性亦很强，同样可以提前支取和质押贷款。企业债券和可转换债券的安全性值得认真推敲，同时，投资债券需要的资金较多，由于投资期限较长，因而抗通货膨胀的能力差。因此，国债对于那些收入不是太高，随时有可能动用存款以应付不时之需的谨慎工薪家庭来说，算是最理想的投资渠道。如果家里有一笔长期不需动用的闲钱，希望能获得更多一点的利润，但又不敢冒太大风险，可以大胆买进一些企业债券。

四、外汇——辅助

外汇投资可以作为一种储蓄的辅助投资,选择国际上较为坚挺的币种兑换后存入银行,也许可以获得较多的机会。外汇投资对硬件的要求很高,且要求投资者能够洞悉国际金融形势,其所耗的时间和精力都超过了工薪阶层可以承受的范围,因而这种投资活动对于大多数工薪阶层来说有点不太现实。

五、字画古董——爱好

名人真迹字画是家庭财富中最具潜力的增值品。但将字画作为投资,对于工薪阶层来说较难。目前字画市场赝品越来越多,甚至是像佳士得这样的国外知名拍卖行都不敢保证有些字画的真实性,这给字画投资者带来了一个不可确定因素。古代陶瓷、器皿、青铜铸具以及家具、精致摆设乃至钱币、皇室用品、衣物等均可称为古董,因其年代久远、罕见,具有较高的观赏和收藏价值,增值潜力极大。但是在各地古董市场上,古董赝品的比例高达70%以上,要求投资者具有较高的专业鉴赏水平,不适合一般的工薪家庭投资,因此在选择时要慎重。

六、邮票——轻松

在收藏品种中,集邮普及率最高。从邮票交易发展看,每个市县都很可能成立了至少一个交换、买卖场所。邮票的变现性好,使其比古董字画更易于兑现获利,因此,更具有保值增值的特点,一般具有较高的投资回报率。邮票年册的推出给工薪家庭节省了很多理财时间。但近年来邮票发行量过大,降低了邮票的升值潜力。

七、钱币——细心

钱币,包括纸币、金银币。投资钱币,需要鉴定它们的真伪、年代、铸造区域和珍稀程度,很大程度上有价值的钱币可遇不可求。因此,工薪家庭没有必要花费大量的精力进行此类投资。

八、彩票——有度

购买彩票，严格上说不能算是致富的途径，但参与者众多，加上有人因此暴富，也渐渐被工薪族认同为投资。从回报社会的角度看值得提倡，彩票无规律可循，成功的概率极低，作为项目来投资应有度。

◢ **理财圣经**

面对诸多的家庭理财投资方式，工薪阶层的家庭要看准、选好，尽量预防可能产生的风险。

双薪家庭如何理财

"两个人挣的总比一个人的多"，随着社会的进步，家庭中女性在外求职已不足为奇。两个人一起为家庭奋斗原本是一件好事，但是多数双薪家庭中很多人却忽略了夫妻二人的收入有高有低，收入的不同有引起家庭内部权力重心转移的可能。

在结婚之后，家庭内部将有两份收入，你必须决定如何处理这两份收入。你可能会说"那还不容易，补贴家用"或是"收入越多，生活就越舒服了"之类的话，但实际在生活中并非如此简单。双重收入代表了夫妻双方都可以根据自己的想法对家庭经济发表意见的自由，通常自由越多，问题也越多——要融合两种理财的价值观绝非易事。

刘女士和丈夫结婚快十年了，他们的家庭理财方式一直为邻里津津乐道。作为双薪家庭成员，夫妻两人都有各自的工作和工资账户。像大多数家庭一样，她和丈夫的工资也是有高有低，一开始他们常常为了家里的钱吵架。经过几年的摸索，刘女士总结出了一套有用的双薪家庭理财之道。现在一般都是她负责家里的日常开支，像家里装修、购买大件家具时就是由丈夫负责，而孩子上学的费用则是由两个人共同负责。

最让他们骄傲的是，经过一段时间的研究，他们专门到银行开了一个联合账户，在里面存了一些两个人都可以使用的钱款，在使用中还增加了两人的家庭责任感。另外他们还各有一个自己的独立账户，如果各自有财务负担，如给各自父母赡养费等，就从自己的独立账户中支出。

多数专家建议夫妻最好保有自己的零用钱，因为这么做，夫妻双方既可拥有家庭共同基金，也有自己的支配空间，像刘女士和丈夫在互相知晓、信任的基础上建立的独立账户就是一种不错的选择。

在双薪家庭中，因为夫妻两人都有各自的工作，大部分的时间都不在家里，首先要决定家庭中费用的支付方式。在作出决定前，夫妻双方需要思考以下问题：

（1）谁在家中享有经济决定权，是不是赚较多钱的一方？

（2）夫妻双方是否有可供个人支配的金钱，这部分的金钱应完全属于他或者她？

（3）家中开销如何支付，平均分摊或分项负担，或者丈夫负担经常性支出而妻子负责偶发性支出？

另外，要决定银行账户的处理方式。

这有两个选择，即联合账户或独立账户。联合账户夫妻双方均可使用，独立账户则仅有开户者可以使用。两种账户各有优缺点：

一、联合账户

优点：夫妻会因它是共同账户而有较高的认同感。

缺点：这种账户会在夫妻双方产生问题，比如离婚或分居时，先抵达银行的一方可能将夫妻共有的钱领走，从而影响另一方的利益。

二、独立账户

优点：双方通过独立账户建立自己的银行往来信用，在申请贷款时可作为参考项；账务清楚，可以避免夫妻双方婚姻出现问题时产生的财产纠纷；使用方便，夫妻有特殊的财务负担，如赡养费或父母生活费等。可以独立的使用钱款。

缺点：非公开建立的独立账户可能造成夫妻的信任危机，影响双方感情。

还有，要决定如何分配收入以及如何随时调整理财策略的问题。主要有两种方法可供参考：

（1）平均分担型。夫妻双方从自己收入中提出等额的钱存入联合账户，以支付日常的生活支出及各项费用。剩下的收入则自行决定如何使用，这种方式的优点在于夫妻共同为家庭负担生活支出后，还有完全供个人支配的部分；缺点是当其中一方收入高于另一方时，可能会出现问题，收入较少的一方会为较少的可支配收入而感到不满。

（2）全部汇集型。夫妻将双方收入汇集，用以支付家庭及个人支出。这个方式的好处在于不论收入高低，两人一律平等，收入较低的一方不会因此而减低了他或她的可支配收入；缺点是从另一方面来讲，这种方法容易使夫妻因支出的意见不一造成分歧或争论。

在很多双薪家庭看来，两份收入会造成一些假象，即总觉得自己的薪水花完后还有别人的，所以可以支付一些额外的花费，结果多一份薪水不仅没有增加收入，反而多了一份负担。遇到这种情况，配偶双方应该彼此控制不良的消费习惯，比如双方定个协议，一定金额以上的支出必须经夫妻双方讨论后再决定。通常的情况是两人在讨论后，发现购买某一物品的急迫性已不复存在，这种讨论还有助于了解彼此对金钱价值的看法。

▶ 理财圣经

双薪夫妻最好保有自己的零用钱。通过建立联合账户和独立账户的形式，夫妻双方既可拥有家庭共同基金，也有自己的支配空间。

中低收入工薪家庭如何投资理财

王女士每月工资 1000 多元，扣除养老、医疗保险和公积金要交的费用以后每月实发工资 900 元左右，王女士的先生每月工资 900 元左右，没有什么保险。家中有存款 1 万元。有一个女儿，2 岁，打算明年上幼儿园。王女士的公公婆婆跟他们一起住，家里的开销都由王女士负责。他们现在租房居住，每月房租 250 元。他们所在的城市消费不是很高，现在房价在 1500 元 / 平方米以上。王女士一家该如何投资理财？

顾名思义，工薪阶层就是主要依靠工资和奖金收入维持生活的阶层。一般而言，工薪阶层每月收入扣除必要的生活开支后的结余不是很多。这类人群要想加速家庭财富的积累，实现人生各个阶段的购房、育儿、养老等理财目标，在安排好家庭的各项开支，进行必要的"节流"的同时，通过合理的投资理财"开源"也尤为重要。

对工薪阶层来说，他们虽然收入来源稳定，但由于总额不高，因此避免因出现意外开支而影响到正常生活的风险是必须考虑的。做一个稳健的投资者，是工薪阶层的最好选择。

首先，工薪阶层需要加强风险防范能力，提高家庭财务安全系数。留足应付日常开支或意外事件的应急资金。一般而言，这笔资金应足够应付三到六个月的家庭开支，形式可以是以银行活期存款或货币基金、短债基金等流动性极强的金融资产形式存放。

其次，应通过购买相应的人身及财产保险，来避免意外事故对家庭经济产生灾难性后果。

最后，在对每月结余的资金进行投资时，应以稳健为基本原则，不要盲目追求高收益、高回报，因为高收益的背后往往蕴藏着高风险。

（1）对于工薪阶层来说，工作的收入是最主要的收入来源，因此，在投资之前，工薪阶层必须先要做到认真积极地工作，不断学习各项技能，保证工作稳定，收入稳步增长。在这之后才能考虑投资的问题。

（2）由于时间、精力、相关知识掌握及资金等方面的限制，工薪阶层一般不宜直接进行实业投资，可以通过购买相关金融产品进行间接投资。在金融投资品种上，最好不要涉及高风险的期货、股票等投资，可以在相对稳健型投资产品里作选择，如基金、国债或一些银行推出的理财产品。

（3）定期定额购买基金，应该是工薪阶层的一个很好的办法。基金定投是类似于银行零存整取的一种基金理财业务，可以到银行办理。开通基金定投后，银行系统会根据客户指定的基金及申请的扣款金额和投资年限，每月自动扣款购买基金。定期定额进行投资较单笔投资能更有效地降低投资风险。一次性买进，收益固然可能很高，但风险也很大；而定投方式由于规避了投资者对进场时机主观判断的影响，与单笔投资追高杀跌相比，风险明显降低，更适合财富处于积累阶段的普通工薪阶层。而且，定期定额进行投资，可以有助于强制储蓄，培养起良好的投资习惯。

◢ 理财圣经

对中低收入家庭来说，"开源"和"节流"都同样重要。

理财从教育储蓄开始

在当前投资高风险时代，对于收入低、子女教育花费压力大的城乡中低收入家庭来说，理财方式可以考虑风险小、收益稳定的教育储蓄。

教育储蓄之所以备受人们青睐，原因主要有三个方面：

一是政策影响。有统计资料显示，我国潜在的教育需求很大，受普通高等教育的人数仅占同龄人的 9%。因此，作为硕果仅存的几个卖方市场之一的教育消费市场，其所蕴含着的巨大潜力也让银行刮目相看。

二是消费需求。当前，教育消费渐成亮点，教育消费已成为人们仅次于基本生活消费的第二大开支项目。中国经济景气监测中心曾对北京、上海、广州、成都、武汉、西安六个城市 1230 名成人居民的调查表明：城市居民教育支出增势强劲，七成居民同意在孩子出生之前就准备教育资金。

三是市场环境。教育储蓄因免征利息税，所以它比其他储蓄品种对人们更具吸引力，加之其固有的利率优惠政策，使得教育储蓄更加炙手可热。

教育储蓄开户免费，开户时确定的每月最低起存额为 50 元，并按 50 元的整数倍递增，但最高金额不得超过 2 万元。因而，比较适合收入不高但又有理财愿望的中低收入家庭。如果家长感觉存款期限长，也可以量力而行办理定期存款约定转存业务，也是一种积累财富的方式。

教育储蓄是一种特殊的零存整取定期存款，是居民为子女接受非义务阶段教育每月按固定金额存款，到期后支取本息的储蓄方式。小学四年级以上学生的家长均可办理。与其他储蓄方式相比，教育储蓄存期一般分为 1 年、3 年和 6 年，存期较为灵活，同时利息还享受免税政策。

教育储蓄有积少成多、引导积蓄的特点，同时根据国家规定，教育储蓄虽然是零存整取的储蓄方式，却享受整存整取的利率水平，相比之下的利率优惠幅度在 25% 以上。为此，家长可根据孩子的教育进程进行规划，确定教育储蓄存款期限、金额，并享受高利率、免利息税的待遇。

眼下股票、基金等市场不景气，活期储蓄利率较低，适合中低收入家庭的理财渠道很匮乏。对收入低、子女教育花费压力大的城乡中低收入家庭来说，教育储蓄是个不错的理财方式。

◢ 理财圣经

教育储蓄以其积少成多、方便易存的特点受到广大中低收入家庭的青睐。同时，在选择教育基金理财工具时，可以采取"人尽其才，物尽其用"的方式，选择一些教育保险、证券资产等。

教育投资，莫要临时抱佛脚

如今，孩子的教育费用是越来越高，家长积攒子女教育经费的压力陡增。根据有关数字显示，我国城市消费中增长最快的是教育支出。

目前学龄前教育和小学教育花费相对较大，甚至高过大学教育费用，对于年轻的父母来说，负担相对较重。

黄先生夫妇皆为公务员，儿子虽然刚满两岁，但他们夫妇就已经开始操心孩子未来的教育计划了。

他们发现，孩子的教育开支是在十多年后的大学阶段才进入高峰期，以他们现在的收入来看，很难负担得起儿子将来到海外读大学的费用。因此，他们正考虑如何为子女储备足够的教育经费。

在中国，子女教育经费计划是整个家庭财务计划中的重要一环。为了确保子女得到最好的教育，像黄先生夫妇那样，提早做好安排无疑是比较明智的选择。这样不但能减轻将来负担，确保子女到时候专心学业，父母的其他个人计划（如退休）也不会因为要应付教育费用而受影响。

理财专家亦指出，为子女安排教育经费计划应越早越好，而储蓄教育经费的关键在长线定时投资，它可以带来以下好处：

（1）有足够时间让投资增长。

（2）增长随时间复式膨胀。

（3）计划所需金额只占家庭收入的小部分，易于应付。

（4）子女教育计划妥善安排好，部署其他计划（如退休计划）所需资金可更准确、周详。

（5）子女能在没有欠债（低息教育贷款）的情况下完成学业。

（6）教育经费充足，子女可选择的余地更大。

对家长而言，除了希望孩子身体健健康康外，最希望的就是尽可能让孩子受到最好的教育，给孩子以后长大成人、参与社会的激烈竞争增添有利的砝码。教育投资是孩子成长费用中的重头戏，父母要及早做好教育投资计划，使孩子在成长的每个关键阶段都有足够的经济支撑，有备无患。

▲ **理财圣经**

出名要趁早，教育投资也是如此。

图书在版编目 (CIP) 数据

你不理财，财不理你 / 杨婧编著 . — 北京：中国华侨出版社，2017.12
（2018.9 重印）

ISBN 978-7-5113-7131-7

Ⅰ.①你… Ⅱ.①杨… Ⅲ.①私人投资—通俗读物Ⅳ.① F830.59-49

中国版本图书馆 CIP 数据核字 (2017) 第 264284 号

你不理财，财不理你

编　　著：杨　婧
出 版 人：刘凤珍
责任编辑：张　玉
封面设计：施凌云
文字编辑：李　波
美术编辑：杜雨翠
经　　销：新华书店
开　　本：880mm×1230mm　1/32　印张：8.5　字数：197 千字
印　　刷：三河市悦鑫印务有限公司
版　　次：2018 年 1 月第 1 版　　2021 年 4 月第 9 次印刷
书　　号：ISBN 978-7-5113-7131-7
定　　价：36.00 元

中国华侨出版社　北京市朝阳区西坝河东里 77 号楼底商 5 号　邮编：100028
法律顾问：陈鹰律师事务所
发 行 部：（010）88893001　　　传　　真：（010）62707370

如果发现印装质量问题，影响阅读，请与印刷厂联系调换。